通往权力之路

王莽传

巫解 著

作家出版社

图书在版编目（CIP）数据

通往权力之路：王莽传 / 巫解著. —— 北京：作家出版社，
2025.8

ISBN 978-7-5212-2734-5

Ⅰ．①通… Ⅱ．①巫… Ⅲ．①王莽（约前 45-23）-
传记 Ⅳ．① K827=341

中国国家版本馆 CIP 数据核字（2024）第 043148 号

通往权力之路：王莽传

作　　者：巫　解
责任编辑：丁文梅
装帧设计：小贾设计
出版发行：作家出版社有限公司
社　　址：北京农展馆南里 10 号　　　　邮　　编：100125
电话传真：86-10-65067186（发行中心）
　　　　　86-10-65004079（总编室）
E-mail:zuojia@zuojia.net.cn
http://www.zuojiachubanshe.com
印　　刷：河北尚唐印刷包装有限公司
成品尺寸：152×230
字　　数：175 千字
印　　张：15.25
版　　次：2025 年 8 月第 1 版
印　　次：2025 年 8 月第 1 次印刷
ISBN 978-7-5212-2734-5
定　　价：48.00 元

目　录

引　子

秦朝末年，暴政横行。人心思变，天下大乱。

秦二世胡亥元年（公元前209年），在反秦大势的裹挟下，四十七岁的亭长刘邦揭竿而起，加入起义军的行列。

经过七八年的左冲右突，刘邦终于在汉高祖五年（公元前202年）荡平天下，鸟枪换炮，建立了赫赫威势的大汉王朝。

传说，刘邦揭竿之初，曾遇到一条大蟒蛇挡道。面对突发情况，刘邦手下的小兄弟们都惊恐不已，唯有刘邦冷静地拔出佩剑，欲斩杀之。

谁承想，蟒蛇居然开口说话了。

它说："你斩我头，我就乱你的头；你斩我尾，我就乱你的尾。"

向来狡黠的刘邦想都没想，直接挥剑斩向蟒蛇的腹部。他的潜台词是：你出你的难题，我有我的良策。

其实蟒蛇还有一句话没来得及说："你斩我的中间，我就乱你的中间。"

于是，在西汉与东汉之间，横亘着一个短暂却扎眼的王朝——新朝。

新朝的创建者，正是王莽。

当然，这只是个传说。但从字面来看，"莽"与"蟒"，何其相似！

巧合乎？天意乎？

宇宙洪荒，玄机密布，没人知道答案。

今人能做的，仅仅是把"王莽"从历史的故纸堆里挖出来，然后让这个人复活，然后再递给他一只话筒。再然后，就是观众欣赏他的表演。

仅此而已。

第一章　我要奋斗

1. 屈辱的滋味

汉成帝河平二年（公元前 27 年），王莽十八岁。

这年夏天，汉成帝刘骜的一纸诏书，让王莽的五个叔叔——王谭、王商、王立、王根、王逢时，在同一天被封为侯爵。其中，王谭为平阿侯，王商为成都侯，王立为红阳侯，王根为曲阳侯，王逢时为高平侯，世人称之为"一日五侯"。

至此，加上早已受封的王禁（王莽的爷爷）、王凤（王莽的大伯）、王崇（王莽的叔父），王家已经有八人被封侯。

在长安城，乃至整个大汉朝，无人不对权势炙热的王家敬畏三分。

但这一切，似乎与王莽无关。

就在五个叔叔被封侯的这天，在首都长安城乡接合部的一个破败院落里，王莽正承受着痛苦的煎熬。他的母亲已经患病多日，躺在床上奄奄一息，而家里已经拿不出请郎中的钱了。

眼睁睁地看着母亲被病痛折磨，王莽心如刀绞。

他在心中一遍遍地抱怨苍天的不公："天下人都知道我王莽是当朝太后的侄子，还有一个身居大司马的伯父和五个被同日封侯的叔叔，可谁又知道我连给母亲看病的钱都拿不出来？"

抱怨归抱怨，不忿归不忿，病还是得想办法医治。

终于，王莽鼓足勇气，来到母亲病榻旁，低声说："娘，实在不行，我去伯父叔叔家讨些钱来，给您看病。"

王莽的母亲睁开眼，虚弱但是倔强地斥责道："住嘴！你要是敢去，我现在就咬舌自尽。"

这个老太太，拥有常人无法想象的自尊心，她经常用来教育王莽的一句话是：宁做荒郊饿死狼，不当人前饱食犬。

她像怀抱贞节牌坊的烈女一样，坚定地守护着自己的信条。

王莽的泪唰地奔涌而出，当一个儿子面对病榻上的父母，却没有能力请大夫给他们医治时，这种对于自我无能的谴责与痛苦之情，是常人无法体会的。

王莽只能紧紧地握住母亲的手，任泪水吧嗒吧嗒地滴下。

王莽的母亲继续说："莽儿，你记住了，在这个世界上，有些东西丢了是可以捡回来的。但要是你把体面丢了，就永远捡不回来了，你就得一辈子做低贱之人。"

王莽含泪点头："娘，我记住了。"

老太太从身上拽下一块玉佩交给王莽："别哭，这是你父亲临走前留给我的唯一一件遗物，你拿去当了吧。"

王莽哆哆嗦嗦地接过玉佩，说了一声"嗯"，然后起身离去。

大雨后的长安，草木青绿，远山如黛，空气中弥漫着一股雨后清新的味道。王莽步履匆匆，神色凝重。突然，几辆马车从他身旁呼啸而过。王莽避之不及，被溅了一身泥水。

这马，产自西域，是极负盛名的大宛驹；这车，则出自当时最有市场号召力的巧匠之手。名马名车，价值自然不菲。

王莽定睛细看，车上坐着的正是自己的几位堂兄弟。

而他们看到王莽，跟看到空气没有什么区别。

只有堂弟王舜和王邑模模糊糊地喊了一声"巨君"（王莽字巨君），但为他停车是根本不可能的。

目送他们离去后，王莽攥紧手里的玉佩，继续往前走。

他已经习惯了被冷落，甚至已经到了麻木的地步。他时常想，如果他的父亲王曼还活着，那么他也会是王侯的儿子，他也可以乘着豪华的马车在长安城里不可一世，与他的那些堂兄弟毫无二致。

每每想到此，王莽都会怨恨自己早逝的父亲。

他也怨恨姑姑王政君，也就是当朝的王太后。她完全遗忘了自己这个四岁就失怙的侄子，未给予他半点照顾。

他还怨恨叔伯们，他们个个身居高位，锦衣玉食，却从未想过帮助自己贫困窘迫的侄子。

这些怨恨，藏在王莽心中很久了。但他不敢告诉母亲，因为他知道，母亲一定会呵斥他没出息。

其实他自己也觉得这样没出息，他强迫自己不去怨天尤人，可他做不到。

十七八岁，正是羡人有、恨己无的年纪，很容易拿着显微镜搜寻自己身上细微的伤口，然后在自卑和愤怒的双重夹击下，茫然不知所措。

在这一点上，王莽与常人无异。

2. 拜师大儒

来到当铺，越过高高的柜台，王莽把玉佩交给对他爱答不理的掌柜。

这玉佩是当年王政君送给王莽父亲的结婚礼物，既是皇宫之物，按说能当个不错的价钱。

但傲慢的掌柜只是粗看了几眼，又斜着眼睛看了看王莽，就从柜台里抓出一串五铢钱摔到了柜台上。

"就这些，爱当不当。"掌柜说。

王莽也不争辩，拿起钱掂了掂。

"够请大夫了。"说完，就转身离开了。

吃惊不已的掌柜呆站在那里，他还等着王莽还价呢，这大概是他碰见过的唯一一个没有讨价还价的客户了。掌柜再次拿起玉佩，细细观察起来，然后露出小人得志的微笑。

有了钱，大夫总算是请来了。

还好，王莽的母亲虽然病重，但不是要命之症。在王莽和嫂子的悉心照料下，她终于在这年秋天康复了。

人在病中，思维或许更加脱俗，能想清楚一些长远的问题。康复后，王莽的母亲做出了一个重要的决定：送王莽去跟随大儒陈参学习儒术。

正是这个决定改变了王莽的一生。

西汉开国之初，因长年战乱导致民生凋敝，百废待兴，百姓亟须休养生息；再加上吸取了暴秦灭亡的教训，汉高祖、汉惠帝、汉文帝、汉景帝等都信奉"黄老之学"，讲求"无为而治"，"省苛事，薄赋敛，毋夺民时"。正是在这一执政思想的指导下，西汉的经济渐渐复苏，百姓生活逐渐宽裕，出现了本朝的第一个治世——文景之治。

随着国力的蒸蒸日上，地方势力也得到了迅速发展，严重威胁到了西汉的中央集权，"无为而治"的统治思想已经不能适应强化中央集权的形势需要了。

于是，汉景帝的儿子汉武帝刘彻果断出手，舍弃"黄老之学"，采纳儒生董仲舒的建议，罢黜百家，独尊儒术，使得儒学成为西汉的官方哲学。

汉武帝之所以看上董仲舒的儒学，完全是出于实用主义的考量。要知道，儒家思想中的"三纲五常""大一统""天人感应"等，正好为加强中央集权提供了完美的理论基础。

理论有了，还需要把它变成现实的践行者。于是，汉武帝大肆任用儒生，学习儒学成了通往仕途的必经之路。

这项政策，到了汉成帝刘骜这里，涛声依旧。

王莽的母亲虽是妇道人家，但很清楚国家的政策，她让王莽学习儒术，希望他能学有所成，靠真本事出人头地，坚决不靠王莽叔伯的裙带关系。

因为母亲的这个决定，苦闷彷徨的王莽终于找到了方向。

陈参远在沛郡（治所在今安徽省境内），距长安有千里之远。但陈参是当时儒学界的泰山北斗，能拜他为师，相当于赢在了起跑线上。所以，就算跋山涉水，王莽也在所不辞。

这天早上，王莽告别家人，信心满满地上路了。

不知翻过了多少座大山，蹚过了多少条大河，王莽终于站在了陈参的面前。

作为儒学大师，并不是随便一个什么人都有资格当他的徒弟的。但当王莽报出自己的名号，陈参笑了。

"我知道你。王氏家族第二代中唯一一个有理想、有道德，且脱离了低级趣味的人。"陈参说道。

王莽有点震惊，他没想到自己竟然声名远播。

这都是沾了出身的光。尽管这出身与生活窘状之间的落差让王莽觉得尴尬，但他毕竟是王氏家族中的一员，而全天下人的眼光都聚焦在这个家族身上，对于不了解内情的外人来说，王莽的一切窘迫都成了他的美德。

王莽在心里说："不是我境界高，实在是没有享受低级趣味的资本。"

说出口的话却是："我想拜您为师。"

陈参非常痛快地答应了。

从《仪礼》到《周礼》，王莽驰骋于儒学丛林之中，勤奋不懈，废寝忘食，如同找到母乳的婴孩。

时光荏苒，转眼间，三年过去了。

这三年，对于王莽来说，是充实的三年，也是脱胎换骨的三年。凭着变态的刻苦和老天赋予的悟性，王莽参透了儒学的精华，同时看到了儒学的迂腐和呆板之处——这一点至关重要，决定了他日后所能达到的高度。

陈参把最后一点学识教给王莽后，满意地点了点头，他对王莽说："巨君，你可以离开了。"

王莽双膝触地，恭恭敬敬地给陈参磕了三个头，然后胸有成竹地说："师父，我一定将儒学发扬光大。"

在陈参恋恋不舍的目光中，王莽离开了沛郡，他日夜兼程，终于回到了令他魂牵梦绕的长安。

此时的王莽，已不是那个心态失衡的青葱少年，他成熟了。当他气定神闲地站到母亲面前时，老太太欣慰地笑了，她知道，自己的小儿子已经长大了，已经能够担起这个家的荣耀和屈辱。

她曾把希望寄托在大儿子王永身上，但很遗憾，王永英年早逝，空留白发人送黑发人的悲痛。如今，看到王莽脱胎换骨、凤凰涅槃，叫她如何不喜极而泣？

3. 原则与规则

王莽回到长安后，淡定地等待着那趟载他通向仕途的列车。但很遗憾，一连几年，都没有一趟列车为王莽打开车门。王莽成了待业青年。

西汉时，还未施行科举制，朝廷选拔人才主要通过两个渠道：察举制和征辟制。

察举制是一种自下而上推举人才的制度，从汉武帝元光元年（公元前134年）正式开始实施。察举制不同于之前的世袭制和后来的科举制，它的主要特征是由地方长官在辖区内随时考查、选取人才并推荐给上级或中央，经过试用考核后授以官职。

征辟制也是汉武帝时推行的一种选拔官吏的制度，与察举制相反，它是自上而下的，由皇帝和官府征聘有名望的人出来做官。

按说，王莽自小便待人温厚，对外谦恭有礼，对内孝敬母亲，对于守寡的嫂子和失怙的侄子也是悉心照顾，后来又远赴沛郡拜师学习儒术，可谓德才兼备。即使达不到征辟的标准，说他符合察举制的要求应该不过分吧？可为什么没人举荐他呢？

也许有人动过举荐他的念头，但人家转念一想，王莽有五个被封侯的叔伯，还有身居大司马之职的权势滔天的伯父，他们都不吱声，轮得到自己这个外人多嘴吗？

王莽有如此家世不假，但他那些庸俗不堪的叔伯们，正享受着花天酒地的奢靡生活呢，早就把他这个侄子忘到九霄云外了。而且，叔伯间的关系很冷淡，甚至互相拆台，连其门客之间都不互相往来。据《汉书》记载：

谭倨，不肯事凤。

通过这区区几个字，王家几兄弟间的关系可见一斑。

于是乎，王莽就被耽误了。

王莽仍然气定神闲地等，书按部就班地读，日子按部就班地过。才二十几岁，还有大把的时光供他使用，他不急。

可是王莽的母亲急了。但急归急，解决的办法依然没有。她是万万不会让王莽低三下四地求人举荐的。她有自己的原则，如同化学元素周期表一样秩序井然不可更改。这原则够坚定，只是略显僵硬，不够圆融。

王莽在等待一个机会，一个在母亲的原则和世俗的规则之间顽强生存的机会，它虽在夹缝之内，却力达千钧，一矢中的。

所幸，上苍这次没有放王莽的鸽子。汉成帝阳朔三年（公元前22年），这个机会终于扭着屁股，向王莽款款走来。

4. 命运，你好

王莽的大伯王凤病了，是重病。

王凤到底得了什么病，史书中没有记载，但从病发到归西，拖了足足一年多。这个时间说长不长，但用来考验病床前的孝子贤孙，足够了。

王莽得知王凤病重的消息后，思考了不到一袋烟的工夫，当即决定：前去陪侍。

不过，这事没那么容易，他必须先过母亲这一关。

王莽又酝酿了一袋烟的工夫，终于鼓足勇气，朝母亲走去。

当王莽把这个决定告诉母亲后，老太太先是愣了一下。如果王凤是个普通的老百姓，那她肯定二话不说，立即驱赶王莽前去照顾。可王凤偏偏是个权势熏天的大司马，这让她觉得有借机拍马屁和搞政治投资的嫌疑。

可是转念一想，抛开外在的因素，单从伦理纲常的角度来说，侄子照料病重的大伯，似乎是天经地义的。

她有点举棋不定。

王莽看出了母亲的犹豫，轻声请求道："娘，让我去吧，这事丢不了体面。"

听了王莽的话，老太太终于把心一横，发话道："去吧。"

来到王凤的病床前，王莽先是大吃一惊。让他吃惊的并不是王凤的病情，而是早就围在床前的十多位堂兄弟，他们显然比自己更懂得嘘寒问暖。他们把王凤围得结结实实，王莽想看王凤一眼，或者说让王凤看自己一眼，都不能成功。他又使了使劲儿，可依然没能往前半步，反而招来某位堂兄的怒目圆睁。

王莽苦笑着叹息一声，找了个凳子坐下。他发现，旁边的凳子上早已坐着一位——他的表兄淳于长。

淳于长是王凤的大姐王君侠的儿子。此时，他已经步入仕途，在宫里担任黄门郎。黄门郎的官阶虽不高，但有大把的机会接近王政君和汉成帝这样的高层，何况这二位还是他的姨娘和表兄。因此，淳于长可谓前途无量。

看到王莽坐下，淳于长朝他点了点头，算是打招呼。然后两人相视一笑，有种同病相怜的戏谑感，那意思像是在说：嘿，哥们儿，原来你也来晚了。

不过，先辈们早就用无数的事实充分证明，"早"和"晚"从来不是决定事物发展的核心因素。眉毛生得早，胡子生得晚，但眉毛永远无法达到胡子的长度。笑到最后的，往往不是笑得最早的。

十天后，王凤的床前已经有足够的空间留给王莽和淳于长了。

离去者的理由是：我得回去看看我的马车，以及马。

二十天后，王凤的床前只剩下三五人。

离去者的理由是：我得回去看看我的小妾，以及歌妓。

一个月后，连王凤的儿子们都不见了。

他们的理由更加充实：哥们儿实在挺不住了，我得回去补补觉。

王莽和淳于长又是相视一笑，这是胜利者的笑。

笑过之后，二人又开始较劲。

王莽在心中暗想："我倒要看看你何时离开。"

凑巧，淳于长也有这个想法。

半年后，两人彻底放弃了这个想法，取而代之的是一句由衷的感叹：真是个狠角色啊！

也正是从这时起，王莽清醒地认识到，在日后的权力角逐中，淳于长肯定是他最凶悍的对手。

这一想法在日后得到了验证。

王凤的病情越来越严重，王莽和淳于长照顾得也越来越尽心。按照《汉书》的说法就是：

亲尝药，乱首垢面，不解衣带连月。

看着眼前这一侄一甥日渐消瘦的身影，王凤被彻底打动了。想想之前自己的所作所为，他愧疚不已，尤其对王莽，他的不作为让这个侄子至今还是白身。他紧紧握住王莽的手，突然间老泪横流。

王莽也哭了。

又过了差不多半年时间，在王莽和淳于长的注视下，王凤合上了眼睛，再也没有睁开。

其他子侄开始为王凤大肆操办丧事，以显孝道和荣光。

而王莽和淳于长终于可以回家睡个踏实觉了，他们的戏已经完美杀青。

——在王凤去世前一个月，汉成帝前来探望。王凤也是紧紧地握住他的手，老泪横流，然后用模糊不清的声音，郑重地向皇帝举荐了王莽和淳于长，希望他能够重用二人。

汉成帝没有辜负舅舅的嘱托。王凤死后不到半个月，王莽就被拜为黄门郎，不久又被提升为射声校尉；而本是黄门郎的淳于长则被拜为列校尉诸曹。在仕途的赛道上，淳于长领先王莽至少半个身位。

一直在车门外徘徊的王莽，终于登上了权力的列车。尽管他现在只是一个不起眼的小官，但星星之火，可以燎原，前面等待他的，将是无限风光。

消息传来，王莽的母亲百感交集，她把王莽叫到面前，欣慰地说了一句话："莽儿，以后你可以自己做主了。"

这个倔强的老太太，终于放心地交出了对于爱子的指挥权。

5. 外戚专权

王凤死后，大司马的位子便空了出来。

按照常规，这位子必定是由王凤的某位亲兄弟接任。

为什么这么说呢？

因为西汉是一个具有悠久的外戚专权历史的朝代，可以追溯到大汉朝的第一位皇后吕雉。当年，由吕后支撑的吕氏政权，差点儿让大汉江山变了颜色。

汉高祖刘邦驾崩后，他和吕后的儿子刘盈即位，即汉惠帝。

惠帝年轻，而且性格懦弱，虽贵为皇帝，但攥着大权、掌控大局的其实是藏身幕后的吕后。

更要命的是，没过多久，年纪轻轻的惠帝就死了。之后，惠帝年幼的儿子，也就是吕后的孙子即位。

吕后没有儿子可以依靠，而孙子年龄又小，孤儿寡母的，要想继续掌握大权，只能依靠自己的娘家人。她想封诸吕为王，然后把他们安插进帝国的重要部门，并委以重任。

这便是西汉外戚专权的开端。

但是，要立诸吕为王，首先要过开国功臣这一关。为什么呢？因为刘邦活着的时候曾立下规矩，"不是刘氏子弟却称王的，天下共同诛讨他"。

从某种意义上说，开国功臣们拥有对于刘邦遗愿的最终解释权。换个说法就是，即使是刘邦留下的规矩，只要功臣们睁一只眼闭一只眼，那这规矩也是有被打破的可能的。但如果功臣们联合起来坚决反对，那可就要慎重地掂量掂量了。

为了试探功臣们的态度，在一次朝会上，吕后委婉地表达了这个想法。

令她满意的是，功臣们分化成两个阵营。

耿直的右丞相王陵首先发表了自己的看法，他言辞激烈，脸红脖子粗的，表示坚决不同意。

比较圆滑的左丞相陈平和绛侯周勃却打着哈哈，表示一切由皇帝定夺，也就是由吕后定夺。

吕后很满意，王陵很生气。

失去了战友的支持，王陵倍感孤独和愤怒。朝会结束后，他快步跑到陈平、周勃面前，继续脸红脖子粗地质问道："你们今天的表现太让我失望了。我且问问你们，当初跟高祖皇帝歃血盟誓时，你们在不在场？如今太后临朝执政，封吕氏子弟为王，显然违背了高祖的意愿。而你们竟然恬不知耻地纵容她、迎合她，将来到了九泉之下，你们有什么脸面见高祖皇帝？"

陈平、周勃很了解王陵的耿直脾气，他们不但不生气，反而笑眯眯地说："老伙计啊，在朝堂之上当面反驳、据理进谏，我俩比不上您；但保全大汉江山，安定刘氏后代，您比不上我俩。咱们还是各司其职吧，拜拜。"

这话说得很明白：你王陵是耿直，可不懂脑筋急转弯，为了顾全大局，我俩玩的是曲线救国，这是高难度的活儿，你不懂。

王陵被气得七窍生烟，但实在不知道如何反驳，只好"呸"了一声，扬长而去。

没多久，吕后就把让她不爽的王陵罢免了，只给了他一个太傅的虚职——也就是给皇帝当老师。

王陵心下一横——老子不伺候了，于是称病去职，回乡养老了。

王陵走后，吕后迅速提拔左丞相陈平当了右丞相。

障碍铲平了，接下来就是实际操作了。按照循序渐进的原则，吕后先追封郦侯吕台的父亲吕泽为悼武王，接着封郦侯吕台为吕王，吕台去世后，谥为肃王，他的儿子吕嘉接替为王。后来，吕后嫌吕嘉骄横跋扈，便废了他，改封吕台的弟弟吕产为吕王。

之后，吕后又封吕禄为赵王，吕肃的儿子吕通为燕王。

后来，吕后病重，便任命赵王吕禄为上将军，统领御林军的北军，吕王吕产则统领南军。

弥留之际，吕后还告诫吕禄、吕产说："高祖皇帝平定天下后，曾立下规矩，'不是刘氏子弟却称王的，天下共同诛讨他'。如今吕家有多人被封为王，大臣们心中多有不平，而皇帝还年轻，我死后，大臣们恐怕要作乱。你们一定要牢牢握住兵权，保卫皇宫，先不要为我发丧，以免被人趁机一网打尽。"

几天后，吕后去世，留下诏书，封吕王吕产为相国，封吕禄的女儿为皇后。

当时，诸吕几乎独揽大权，吕后一死，他们打算发动政变，改朝换代。但因为老臣周勃、灌婴等人尚健在，他们不敢轻举妄动。

事情往往就是这么奇怪，没等诸吕造反，另一个人先反了。这个人就是齐王刘襄，正宗的刘氏子孙。

既然是刘氏子孙，那为什么要造反呢？当然是以诸吕专权，把持汉室江山为借口了。刘襄造的是诸吕的反——目的不是抢夺皇位，而是诛杀诸吕。

刘襄不但自己造反，还写信给各诸侯王，联合他们一块儿造反。信的大意是：如今吕后逝世，而皇帝还很年轻，不能治理天下。诸吕把持朝政，培植党羽，还聚兵率卒，假传皇帝之命，刘氏宗庙濒临危境啊。我率兵入京就是去杀不该为王的人，希望获得你们的支持，多多转发，不转发、不支持就不配姓刘。

结果并不乐观，诸侯王全都表示愿意围观，但不想参战。

刘襄大骂一声"不仗义"，继续单干了。

得知刘襄造反，相国吕产等人惊慌失措，他们急忙派出颍阴侯灌婴，率军迎击。

灌婴表面上领命，实际上有自己的想法。到了荥阳后，他与将士们商议："诸吕握有兵权，图谋颠覆刘氏江山。如果我等帮他们打败齐王，就等于增加了吕氏的实力，傻子才会这么干呢。"

灌婴的意思很明确，这仗爱谁打谁打，反正他不打。不但不打，他还派使者告知齐王及各地诸侯，要和他们联合起来，一旦吕氏发动政变，就共同诛灭他们。

齐王收到灌婴的信后，放心了，也不觉得孤独了。他气定神闲地宣布撤兵，回到齐国的西部边境，令士兵们枕戈待旦，随时准备对诸吕发起攻击。

在齐王和灌婴守株待兔的同时，吕氏家族也没闲着。他们正在做着激烈的思想斗争——发动政变吧，害怕打不过人家；老老实实待着吧，又感觉是坐以待毙。所以，一直犹豫不决。

犹豫不决乃兵之大忌，也是失败的重要原因之一。

错过了最佳的行动时机后，形势便越来越不利于吕氏家族了。此时，也许可以用一句话来概括吕氏家族的处境：发动叛乱是找死，坐以待毙是等死。总之，怎么走都是一步死棋。

但吕禄、吕产并不这么认为，因为他们自恃手中握着两枚势大力沉的筹码。这筹码，就是朝廷的两支御林军——南军和北军。既是筹码，按照正常逻辑，就该好好珍惜，以待必要之时力挽狂澜。

可吕禄不但不知道珍惜，还幼稚得要把筹码白白送人，幸亏吕家的另一个女人——吕禄的姑姑，也就是吕后的妹妹吕嬃及时出来制止了他，才使吕家的死期拖后了几天。

吕禄怎么会把兵权交出来呢？因为他听了一个人的一段话，这个人，就是绛侯周勃和丞相陈平找来的骗客郦寄。为什么吕禄会听信郦寄的骗词呢？因为他们两个是铁哥们儿。既然郦寄和吕禄是铁哥们儿，那郦寄为什么会听周勃和陈平的话呢？因为周勃和陈平绑架了郦寄的老爹，并警告郦寄说，如果郦寄不帮他们骗吕禄，他们就把他老爹煮了。郦寄是个大孝子，他只好舍义取孝了。

郦寄是这么骗吕禄的："高祖皇帝和吕后共同平定天下后，刘氏有九人被封为王，吕氏被立为王者有三人，这是大臣们共同商议的结果，各诸侯也认为这样合适。现在太后逝世，皇帝年轻，而您佩戴着赵王的印信，却不赶快回到自己的封国，反而在朝中担任上将军，率军留驻此地，这让大臣诸侯们疑心重重啊。您为何不把将军印归还给朝廷，把兵权交还给太尉呢？顺便，也请您说服梁王（即吕产）归还相国印，和大臣们订立盟约，返回封国。这样齐国必然罢兵，大臣们的心里也能踏实，您也可以在千里封国高枕无忧地继续做您的王，这真是有利于子孙万代的好事呀。"

吕禄傻乎乎地还真被说服了，幸亏吕嬃知道了，她大发雷霆："你作为将军却放弃兵权，如今就要没有我们吕家的容身之地了。"

吕禄这才没有交出兵权。

周勃他们并未灰心，没过多久，他们又派郦寄去骗吕禄，这次，用的是恫吓。郦寄说："皇帝命太尉主管北军，让您回封国去。您还是赶快交出将军印，及早离开吧，不然，大祸就要临头了。"

其实，皇帝根本不知道此事，周勃他们不过是假传圣旨。

虽是假的，却把吕禄吓坏了，他赶紧交出将军印，把兵权还给了太尉。太尉拿着将军印向众将士发令："拥护吕氏的袒露右臂，拥护刘氏的袒露左臂。"军中将士都袒露左臂拥护刘氏。

周勃知道南军还在吕产手里，而且吕产要比吕禄狡猾得多。如今既然已经惊动了吕氏，为防夜长梦多，必须立即动手收拾吕产。

周勃他们本已做好了打一场恶战的思想准备，可没想到，竟未费一兵一卒就收拾了吕产。

过程是这样的：吕产像往日一样，吃过晚饭后到以前的大本营未央宫（吕后以前居住于此）溜达，而且没带护卫。蓄谋已久的"保刘派"，于是向他发动了攻击。他一看打不过人家，撒腿就跑，藏在了厕所里。大概是他不该活过这天，一个士兵来此方便，发现了他。吕产想先下手为强，可他这些年养尊处优，早就大腹便便，行动不便了。因此，士兵一正当防卫，他就被结果了。

整个过程，枯燥乏味得不如三流的肥皂剧。由此可见，吕家的男人是如此弱智，而吕家的女人是多么睿智。

现在好了，一个交了兵权，一个虽有兵权，却被人杀了。此时的吕氏家族就像一只羔羊，只有任人宰割的份儿。

把最后一个吕家人杀死后，太尉便派人将诛杀诸吕的事情告知了齐王，让他收兵；灌婴也从荥阳收兵回京。

一朝天子一朝臣，反过来，一朝臣也是一朝天子。吕家这朝臣被灭了，那这朝天子也得换换了。大臣们聚在一起秘密商量说："如今已经把诸吕全部消灭了，若还留着吕氏所立之人，那么等他长大后掌了权，我们这帮人就要被灭族了。不如挑选一位最贤明的诸侯王，立他为皇帝。"

于是，刘邦的儿子代王刘恒被拥立为天子。当然，按照惯例，代王要假模假样地推脱一番，说些"吾何德何能，还请另立贤明"之类的废话，而大臣也要一再请求，说些"我的眼里只有你没有他"之类肉麻的吹捧之词。最后，代王再假惺惺地半推半就，一步三回头地走向龙椅。

这个代王，就是后来的汉文帝。

6. 王凤的境界

尽管吕氏专权带来了灭门之灾，但外戚专权的传统不仅没有因此终止，反而愈演愈烈。窦婴（汉景帝时期）、霍光（汉昭帝时期）等权臣，都是外戚专权的光辉代表。到了汉成帝时，在太后王政君的荫庇下，王氏家族飞黄腾达，权势熏天。据记载，只要是朝廷要职，必由王家人掌控。

因此，王凤死后，空出的大司马一职自然不可能旁落。

但结果却有点小小的出人意料：王凤的五个亲兄弟全都意外出局，反而是王凤的堂弟王音成功上位，接替了大司马一职。

这都是王凤的主意。

王凤死前，汉成帝曾亲赴病榻前询问接班人的问题。汉成帝的原话可能是："您看剩下的那五位舅舅，谁接班比较合适？"

王凤却答道："那五个酒囊饭袋都不行。王音，我看行。"

汉成帝一直对王凤言听计从，他连原因都懒得问，直接把它当成标准答案，报给了太后王政君。

而王政君也不是个喜欢动脑筋的主儿，况且，王音也是她的堂弟，横竖还是她老王家的人，于是，她也没有提出异议。

就这样，王凤选定的接班人顺利接棒，成了王氏家族的新一代首领。

王凤为什么抛开自己的亲兄弟，找个堂兄弟接班呢？

这个问题一点都不难回答。

前面提到过，王氏兄弟的关系并不好，个个牛气烘烘，不可一世，互相不服、互相拆台的事情时有发生，所以，王凤排斥亲兄弟也就不难理解了。

至于为什么是王音，《汉书》里有现成的答案：

音敬凤，卑恭如子，故荐之。

王音敬重王凤，对待王凤如同儿子对待父亲一样谦恭，于是王凤举荐了他。

其实，这只是一个宏观的原因。宏观之下必有细节，而细节决定成败。这个细节就是：王凤曾在政治生涯中遇到过危机，而正是王音的通风报信救了他。

竟宁元年（公元前33年），汉元帝刘奭驾崩，太子刘骜即位，是为汉成帝。汉成帝初登大宝后做的第一件事，就是任命王凤为大司马大将军领尚书事，并给予其百分之一百的信任。

由此，王凤正式开始了自己外戚权臣的生涯。

上有太后王政君和汉成帝的信任与支持，下有自己悉心培植的门生故旧、嫡系心腹，没用几年，王凤就编织了一张遮天盖地的关系网，成了大汉朝说一不二的人物。连汉成帝都对他敬畏三分，凡事必听从他的意见，不敢自行其是。

关于这种敬畏，《汉书》中记载的一件小事似乎可以作为注解。

当时的光禄大夫刘向有个儿子叫刘歆，刘歆英俊潇洒，学识渊博，经常有大臣向汉成帝举荐刘歆，希望朝廷千万不要漏掉如此杰出的人才。刚开始，汉成帝并没有把这事放在心上，以为那些举荐的人都是刘向为儿子找的托儿。可念叨这事的人越来越多，汉成帝就不得不重视一下了。于是，他派人把刘歆招至面前，亲自考查了一番。

面对汉成帝一道道刁难的面试题目，刘歆不慌不乱，对答如流，有的答案甚至高屋建瓴、旁征博引，大大超出了汉成帝的预期。

汉成帝被彻底征服了，他心花怒放，当即拍着刘歆的肩膀说：

"你，是个人才，朕要封你为中常侍。"

中常侍是皇帝身边的近臣，常伴皇帝左右，随时为皇帝出谋划策。

说着，汉成帝令左右取来中常侍的官服，准备当场加封。

就在这时，意外发生了。

汉成帝身边的一个近臣跪倒在地，小心翼翼地禀报："皇上，您看这事是不是得听一下大司马的意见？"

汉成帝龙躯一震，望着捧在眼前的官服，略微有点恼怒地答道："我看，此等小事就没有这个必要了吧？"

没想到，近臣异常坚定地说："有必要，很有必要。"

汉成帝听此也冷静了许多，他含糊地说了句："那就暂且先把官服收起来吧，等议后再说。"

结果，可怜的刘歆一直没能得到那身官服。因为大司马王凤得知此事后，否决了汉成帝的提议，而汉成帝只能习惯性地耸耸肩，表示无可奈何。

这就是汉成帝与王凤的关系。王凤俨然成了太上皇。

这事过去没多久，另一件事接踵而至。和前面的芝麻绿豆相比，这算是一件大事，正是这件大事，让王凤的嚣张展露无遗，也阴差阳错地差点儿成了王凤的滑铁卢。

这事得从汉成帝的难言之隐说起。

汉成帝一直没有子嗣。这事，即使搁在一般人家也是件大事，更何况在帝王家。

另外，汉成帝的身体还不太康健，于是，他不得不提前考虑接班人的问题。

既然没有儿子，那这接班人就得在外围寻找了。

定陶恭王刘康是汉成帝的弟弟，当年很受汉元帝的欣赏。汉元帝甚至有废掉刘骜，立刘康为太子的想法。

按说，汉成帝和刘康应该因此结下了梁子。但汉成帝不走寻常路，不但对刘康毫无恨意，反而继承了先父的品位，对刘康欣赏有加。

一次，刘康前来长安朝见，汉成帝便把他留了下来，不让他再回封国了。汉成帝给出的理由可谓推心置腹，他对刘康说："朕至今没有子嗣，身体也不好，常言道天命无常，万一哪天朕去了，咱兄弟连最后一面都见不着。所以，你就留在京城吧，常伴朕左右。"

这话的潜台词很明显：汉成帝想让刘康接替他的皇位。

没多久，汉成帝大病。刘康干脆搬进汉成帝的寝宫，常伴病榻旁，悉心照料汉成帝。如此一来，哥儿俩的感情更进了一步。

这时候，有个人不高兴了，这个人就是王凤。

王凤不高兴的理由很简单：刘康是个有能力的人，又深得汉成帝信任，他的存在，严重威胁到了自己的专权。

恰好，老天爷也出来帮忙，发生了日食现象。

这可非同小可。按照董仲舒"天人合一"的理论，日食是不祥的预兆，是上天对某些事情不满的一种表达方式。

上天不满，后果很严重。

王凤紧紧抓住这个机会，上书道："日食是老天愤慨的表现，是对人间的预警。预警什么呢？预警一切不合礼法的事情。定陶恭王虽然是陛下您的至亲，但按照礼法，他应该规规矩矩地守在自己的封国，不应该在京城久留。如今这日食，正是对他破坏礼法的警示。陛下应该立即把他遣送回封国。"

王凤的说法既有理论支持，又有现实证据，无可辩驳。尽管心里有一万个不愿意，汉成帝还是屈服了。

"上与相对泣涕而诀"，场面十分感人。

面对王凤的霸道，大臣们跟汉成帝一样，敢怒而不敢言，唯有一声叹息。

但凡事都有个例外。

京兆尹王章就不惧王凤的淫威，他挺身而出，秘密上了道奏折，弹劾王凤。其中最大一条罪名就是：日食并非定陶恭王引起的，而是因王凤的专权。

汉成帝对王凤心怀不满久矣，便与王章秘密合计，欲罢免王凤。很不幸，这个秘密被王凤的堂弟——侍中王音偷听到了。

王音急报王凤。

闻听此事后，王凤吃了一小惊。但他迅速稳住阵脚，急中生智，先下手为强，写了一份洋洋洒洒、声泪俱下的奏折给汉成帝。在奏折中，王凤假意做了自我批评，并假意辞掉一切职务，待在家里养老。更狠的是，这奏折一式两份，一份送给了汉成帝，另一份则送到了自己的姐姐——太后王政君手里。

王政君一看，顿时十分忧伤：

> 太后闻之为垂涕，不御食。

王政君绝食了，还整日以泪洗面。

汉成帝惊了，他没想到后果会这么严重。一向对母亲言听计从的他，当即失去了锐气，请求王凤不要辞官，并把可怜的王章抛了出来，给他定了个大逆不道的罪名，致使他死在了牢里。

经过这个小变故，王凤不仅毫发未损，反而更有权势了。

　　自是公卿见凤，侧目而视，郡国守相刺史皆出其门。

为王凤立了大功的王音，则被升为御史大夫，位列三公。直至后来接替王凤，成了新科的大司马。

——综上所述，就是王凤选王音为接班人的具体缘由。

由此也可以看出，王凤是一个多么浅薄的人啊！

7. 王莽红了

王莽担任黄门郎后，算是正式进入体制内了。刚上道的王莽十分珍惜这个来之不易的机会，他使出浑身解数，努力把自己包装成一个德艺双馨的好青年，以博得各方面的赞赏，为日后的进阶之路打下坚实的基础。具体的表现就是：工作兢兢业业、不辞辛劳；待人接物小心翼翼、谦虚得体；另外，他还充分发挥自己的聪明才智，想领导之所想，急领导之所急，随时准备为领导排忧解难，甚至赴汤蹈火。

尽管王莽只是个不入流的小官，离核心权力层还有十万八千里的距离，但在如此得体而深沉的表演下，镜头还是被成功吸引了过来，镁光灯唰唰地投射在王莽身上。

没过多久，王莽贤能的名声就传遍了朝野。

面对此情此景，大家都有点吃惊：没想到王家竟有此等英才。

最吃惊的当属王莽的那些叔叔们，他们有种捡到钱的欣喜：以为咱家第二代里都是些只知玩乐的酒囊饭袋，没想到还藏着这么一个牛人，看来王家后继有人了。

吃惊之后，他们都为自己当初的不作为懊恼不已。懊恼之后，为了减轻愧疚之感，他们决定为王莽做点什么。

王莽求之不得。

首先出手的是成都侯王商。在"五侯"中，王商算是智商最高的。经过一番权衡，他决定先为王莽要个"侯爷"的身份。其实这个封号是王政君和汉成帝欠王莽家的。当年，王政君的兄弟们先后被封侯，王莽的父亲王曼因死得太早，没有享受到这个待遇。根据子承父业的传统，把侯爷的封号转移到王莽身上，可以说是天经地义。

怎么要呢？

王商是个有深度的人，他当然不会直接开口向皇帝讨要。他采取的是迂回战术，向汉成帝上书道：我愿意分出一部分封户给王莽。

这个做法实在聪明。如果汉成帝不给面子，那他不但毫无损失，还会博得王莽和众人的好感；如果汉成帝准了，那正中其下怀。关键是，王商看准了汉成帝不会傻到真的把他的封户分给王莽。

汉成帝当然不是个傻子，看到这份奏疏后，他立即明白了王商的用意。

恰好，汉成帝对王莽的印象颇好，并对他的工作能力赞赏有加。他其实早想送王莽这个早就应该得到的封号了，不过一直没找着由头。现在好了，他正好顺水推舟。

于是，汉成帝永始元年（公元前16年），王莽被封为新都侯。同时，其官职也水涨船高，升迁为骑都尉兼光禄大夫加侍中。

获得提拔后，王莽并没有因此生骄，反而更加谦逊。优秀来源于比较，与他那些不成器的堂兄弟们相比，王莽更是光荣且正确。

对于王莽的赞誉声如潮水般从四面八方涌来。

至此，王莽算是成功搞定了上流社会。

但王莽的志向远不止如此，他看到的是整个大汉帝国。在上层之外，还有一片更广阔的沃土——下层，也就是民间。

为取悦民间，王莽使用的招数是礼贤下士，外加学雷锋做好事。他出现在街头巷尾、田间地头，极具亲和力且真诚地与名士们促膝而谈，倾心结交。看到名士们有困难，他会满含热泪地说："我来晚了。"然后慷慨解囊，倾其家财，全力解决他们的生活问题。

士为知己者死。名士们知恩图报，充分发挥自己的特长，成了王莽的播种机和宣传队。如此一来，本来就在民间名声不错的王莽，更是获得了民心。

反正，从朝野到民间，王莽彻底而无法阻止地红了。

红了的结果是，连久居深宫的太后王政君也开始关注这个几乎被她遗忘了的侄子。

这一点至关重要，因为这个老太太一直在考虑王家的接班人问题。

第二章　扶摇直上

1. 王政君的前世今生

纵观王政君的一生，可以得出一个结论：王政君是个庸人——这从她临事时做出的那些愚蠢决定可以轻易判断；但她又是命运的宠儿，因为她无数次地化险为夷。

可以说，王家的一切都是王政君给的，而西汉后期的政局也与她脱不了干系。不说别的，单说王莽代汉，就与这个资质平庸但命运传奇的女人有直接的关系。

王政君的传奇源于一次意外。

汉宣帝甘露二年（公元前52年），皇太子刘奭的爱妃司马良娣死了。

此时，王政君十九岁，刚刚进宫一年，是宣帝皇后身边一个不起眼的小侍女。

司马良娣是刘奭最宠爱的女人，她的死让刘奭备受打击。

要命的是，司马良娣临死前对刘奭说了如下一段话："我其实命不该绝，是你的那些姬妾们嫉妒我得宠，生生把我咒死的。"

更要命的是，刘奭居然相信了司马良娣的话。

更更要命的是，刘奭从此茶饭不思，郁郁寡欢，满脑子都是司马良娣的音容笑貌。他决定用非暴力不合作的方式，对姬妾们实施惩罚：拒绝跟任何一个姬妾同床。

很快，整个汉宫都知道太子过起了太监一般的生活。

刘奭的母亲——宣帝皇后知道此事后很担忧，刘奭还没有子嗣呢，这关系到江山社稷啊。

于是，皇后决定做点什么，把刘奭从对司马良娣的思念中拉出来。

一次，刘奭去皇后宫中问安，皇后让提前挑好的五位侍女坐在床前，然后直截了当地说："我给你挑了几个女人，你瞅瞅，对哪个感兴趣，就带回去吧。"

刘奭心灰意懒，但又不好意思拂了母亲的美意，于是低着头随便一指，说："就她吧。"

皇后一看，儿子指的竟然是床边的一条板凳。

场面一度尴尬。

皇后发现离板凳最近的是王政君，于是急中生智，本着就近原则，把王政君赐给了儿子。

这是命运对王政君的第一次眷顾。

皇后派人将王政君送到太子寝宫，并嘱托派去的人，一定要亲眼看到刘奭把王政君弄到床上，才能回来复命。

面对母亲如此悉心贴切的关怀，刘奭毫无办法，只能不情不愿地跟王政君上了床。

当派去的人将这一喜讯捎回来，皇后长舒了一口气。她一厢情愿地认为，刘奭会喜欢王政君赛过喜欢司马良娣。

可事实却是，自打那次之后，刘奭再也没有上过王政君的床。

但事情就是这么邪门，之前的那些女人，包括司马良娣，跟刘奭生活了七八年，都没有生下一儿半女。而王政君只这一次，就怀上了龙种，即后来的汉成帝刘骜。

这是命运对王政君的第二次眷顾。

三年后，宣帝西归，刘奭即位，身为长子的刘骜立即被立为太子。

之前，王政君一直没有名分，如今母凭子贵，她被封为婕妤，后又被立为皇后。

尽管身份已经很尊贵了，但王政君依然没有什么话语权，因为汉元帝并不喜欢她，很少去她的寝宫。偶尔过去逛逛，也是出于礼貌，并不在那里过夜。

所以，此时的王政君仍然小心翼翼，如履薄冰。

即便如此，危机还是无处不在。最大的危机来自儿子刘骜。刘骜嗜酒如命，贪欢玩乐，又没什么才能，所以汉元帝总想着废了他的太子之位，让自己喜欢的儿子刘康取而代之。

幸亏大臣们反对，加上元帝生性仁弱、优柔寡断，刘骜才保住了太子之位。

这是命运对王政君的第三次眷顾。

这种忐忑不安的日子持续了很多年，直到元帝驾崩，汉成帝即位。

由于汉成帝对她言听计从，王政君终于获得了空前的话语权，而王家的兴盛，也是从这时开始的。

2. 扳倒淳于长

随着王莽的知名度越来越高，他进入了王政君的视野。

此时，前大司马王音早已去世，大司马之职先由王商接任，后又由曲阳侯王根担任。可王根的身体一直不好，三天两头地吵吵着要退休。如此一来，王政君不得不提前物色大司马的人选。

按照惯例，这人当然还是必须出自王家。而且，因为年龄序列的关系，只能从王家的第二代中选择。

王家的第二代中，除了王莽，全是些只知道吃喝玩乐的酒囊饭袋，没有一人堪当大任。王政君忧伤地瞥了这些人一眼，叹了口气，只在心里对王莽点了点头。

她又把视线转向王家外围，终于发现了一个可用之才，他同样属于王家的第二代，他就是王政君之姐王君侠的儿子淳于长。

就这样，王莽与淳于长成了王政君选定的两位大司马候选人。

就出身来看，王莽是王政君的侄子，属于根正苗红的王家二代；而淳于长是王政君的外甥，属于王家的外戚二代。二人都算是王氏家族的子侄，也都是王政君的至亲。所以，在这方面，双方打了个平手。

就官职来看，一直在仕途的赛道上领先王莽半个身位的淳于长，此时已经担任卫尉一职，位列九卿；而王莽仅仅是光禄大夫侍中，在级别上明显稍逊一筹。

从为官名声来看，王莽谨遵儒家之道，清廉端正，谦虚谨慎，在政界和民间知识分子中都拥有较高的声望；而淳于长耽于享乐，姬妾成群，宴席连连，其名声显然不及王莽。

从业务素养来看，王莽曾经跟随大儒陈参学习三年，深知为官治国之道，并且有自己的政治理想，属于正在成长的政治家；而淳于长是靠裙带关系入仕，后又靠着裙带关系升迁的，但他头脑灵活，是个懂得如何在官场闪躲腾挪的精明政客。

最后一点，也是最重要的一点，从政治靠山来看，王莽主要依靠的是几位叔叔，王政君和汉成帝对他是有所保留的支持；而淳于长依靠的完全是王政君和汉成帝。由于打小随母亲来往于宫中，淳于长与王政君的关系十分亲密，王政君对这个外甥的感情明显强于对身为侄子的王莽。当年，汉成帝要立宠妃赵飞燕为皇后，王政君嫌其出身低微而大加阻挠。汉成帝没办法，只好找淳于长从中说合。结果，淳于长不辱使命，硬是说服了王政君，使得赵飞燕成功登上凤位。由此事，可见王政君对淳于长的偏爱。而此事之后，汉成帝对这位帮了自己大忙的表哥也是恩宠有加，封侯加爵。总之，在王政君和汉成帝那里，淳于长比王莽更有市场。

综上所述，在竞选大司马的总体实力对比上，淳于长明显领先于王莽。也就是说，如果不发生大的意外，这个位子将是淳于长的。

王莽肯定也对自己的对手做了深刻的分析，并从各个方面与自己做了对比。当他得出上面的结论时，他该多么沮丧啊！

就这样坐以待毙吗？看着淳于长笑眯眯地登上大司马之位，而自己还要站在边上像个傻瓜一样鼓掌祝贺？

还是放手一搏？将淳于长逼向狭窄的角落，继而让其陷入万劫不复的境地，然后自己以胜利者的姿态坐上大司马的位置？

王莽选择了后者。他决定扳倒政敌淳于长。

淳于长最大的短板在于他不佳的名声，而王莽最大的资本正是从上到下树立的威望。以己之长，攻敌之短，敌必克也。

王莽规划好了作战方略，然后开始悉心准备"弹药"。

其实，从共同陪侍王凤开始，王莽就把淳于长当成了自己最有力的竞争对手。也是从那一刻起，王莽开始关注淳于长的一举一动。后来，随着官职的升迁，他甚至派人专职盯着淳于长，搜集有关他的一切情报，以备不时之需。

现在，是时候把秘密武器搬出来了，王莽胸有成竹：它一定会成为刺向淳于长胸口的一把犀利无比的匕首。

这个秘密武器是什么呢？

3. 王莽的秘密武器

当初，赵飞燕为了获得汉成帝的专宠，也为了尽快坐上皇后之位，想尽办法打击自己的竞争对手。其中，当时的皇后——许夸，就是她打击的第一目标。许皇后崇信巫术，经常在宫里秘密地搞些捉鬼除妖的文化节目。赵飞燕探听到这个消息后，立即报告给了汉成帝，并声称许皇后是在利用巫术诅咒有孕在身的妃嫔。

汉成帝一直没有子嗣，好不容易有妃嫔怀上龙种，不是流产，就是夭折。

俗话说，打人不打脸，揭人不揭短，此事正好击中汉成帝内心最脆弱的地方。他龙颜大怒，下令把那些巫师巫婆们全都杀掉，许皇后则被废掉一切封号，打入冷宫。

许皇后有个姐姐叫许孊，死了丈夫，寡居在家。许孊十分妖艳，柳腰桃腮，婀娜多姿，属于让男人看一眼便会浮想联翩的类型。

一个偶然的机会，淳于长看了她一眼，然后他就不能忘怀了。

正好许孊寡居在家，两人一拍即合，做起了露水夫妻。后来，为了行事方便，淳于长干脆把许孊娶回了家。

许孊去宫里探望自己的妹妹许皇后时，把这一切都告诉了她。

许皇后是个对信息比较敏锐的人，她知道淳于长很得汉成帝和太后王政君的宠信，便盘算着利用姐姐和淳于长的特殊关系，请淳于长帮忙，把自己从冷宫里救出去。不指望再当皇后了，能当个婕好她就心满意足了。

许皇后把这个意思告诉了姐姐许孊，许孊当即夸下海口，表示一定让淳于长帮这个忙。

当然了，感情归感情，报酬归报酬。许皇后拿出了自己多年的积蓄，让许孊转交给淳于长，算是首付，以后还有分期付款，要是事办成了，还有更大的酬谢。

许孊带上妹妹的财物，走了。

许嬺把财物放在淳于长面前，并转达了许皇后的意思，贪财的淳于长立即答应了："看在你的面子上，我不但要把她捞出来，还要让她当左皇后。"

许嬺听后心花怒放，替妹妹千恩万谢。但她实在是高估了自己在淳于长心中的地位，她不过是淳于长的一个玩物，淳于长怎么会为了她以及她那倒霉的妹妹去得罪赵飞燕呢？要知道，赵飞燕正处于深受汉成帝宠爱的阶段，在后宫权势熏天；而她能坐上皇后的位子，淳于长也是出了力的。

让一个精明的政客，为了一个玩物和一个失势的废后，与自己如日中天的朋友为敌，怎么可能呢？

愚蠢的许嬺却认为，一切皆有可能。

结果是，许皇后的财物源源不断地通过许嬺之手送到淳于长手中，而淳于长也是一次次信誓旦旦地承诺，问题马上就要解决了。

这个游戏一直不温不火地进行着。

到后来，淳于长对固有的游戏模式腻烦了，他开始给许皇后写信。

关键是，这信的内容十分轻佻，言语间夹杂着轻侮和调戏。

戏弄皇帝的女人是什么滋味？淳于长就是要尝尝鲜。

如果没有王莽，这个猫戏老鼠般的游戏可能会继续玩下去，也许还会升级。可惜，王莽像病毒一样出现了，令游戏戛然而止。

令淳于长乐此不疲的这个游戏，就是王莽手中的秘密武器。

可这个武器怎么用呢？

直接扔给汉成帝和王政君？打击政敌的意图太明显了。关键，淳于长可是那二位面前的红人啊。

王莽决定找个合适的发射架。找来找去，大司马王根最合适不过了。毕竟，在王根那里，王莽要比淳于长更有市场。

借着探病的机会，王莽把淳于长与许皇后、许嬷姐妹俩的故事和盘托出。当然，为了让火烧得更旺些，他得再添点柴火。

王莽说："不仅如此，他还盼着您早点退位。私下里，他已经把自己当成大司马了，给许多亲信许了官位。叔叔，我的大司马叔叔，是可忍孰不可忍啊？"

王根听罢，血管都要气炸了，他大声说道："这个禽兽！不，他连禽兽都不如！可是，你……你……你……你怎么不早跟我说啊？"

王莽羞涩地说："叔叔，您是了解我的，我王莽不是个喜欢打小报告的人。说还是不说，我做了无数次的思想斗争，直到今天才有结果。"

王根摆摆手："我知道，你是个好孩子，赶紧去向太后报告。"

王莽顿了一下，试探着问："那我该怎么跟太后说呢？是以我的名义，还是说，是您让我报告的？"

王根怒气未消："那个畜生！你就说，是我让你去报告的。"

得了，王莽要的就是这句话。

4. 致命一击

从王根的府中出来，王莽一刻都没耽误，他拐了个弯儿，直接奔皇宫而去——他恨不得立刻马上赶紧，最好以光速拜见王政君。

来到王政君座前，王莽斟词酌句地说："太后，我去探望大司马，他有一件要事让我代为禀报。"

见王莽欲言又止，王政君一愣，心想："什么情况？是不是王根要死了？一件要事？不会是遗嘱吧？"

想到这儿，她急忙问王莽："大司马他……是不是快不行了？"

王莽一看表错了情，连忙解释："不是不是，叔叔的身体状况略有好转。"

一听这话，王政君放心了。王根现在死可不行，接班人还没定下呢。

她打了个哈欠，敷衍道："那就好，你说事吧。"

王莽开门见山地说："是关于淳于长的。大司马得知，淳于长与废后许氏……"

王莽又把跟王根说的话重复了一遍。

王政君听罢，有点蒙。刚才打哈欠催出的眼泪积蓄在眼角，弄得她十分不舒服。她一边擦干残泪，一边自言自语道："不可能吧？小长是个好孩子啊，怎么会干出这种腌臜事来？"

王莽早就料到太后会是这个反应，他不紧不慢地答道："我也不敢相信。不过，知人知面难知心，事情到底是不是真的，调查一下就知道了。"

王政君回应道："对，没有调查就没有发言权嘛。你快去告诉皇上，让他组织人调查一下。"

王莽应了一声，告别王政君，来到汉成帝面前。

对着汉成帝，王莽像复读机一样，第三次播放了关于淳于长的那点破事。

刚开始，汉成帝比较淡定，但当听到淳于长写信戏弄许皇后一节时，他啪地拍了一下龙案，脸色铁青，嘴唇发紫，眼里有凌厉的杀气。

待王莽说完，汉成帝咬牙切齿地说："很显然，他是活够了。"

王莽在心里使劲地点了点头。嗯，他也是这么认为的。

皇帝很幽怨，后果很严重。

很快，经过严密的调查，淳于长的事情水落石出，一切都跟王莽描述的毫无二致。

王莽认为，铡刀已经悬在淳于长的脖子上了，只等汉成帝吐出那句驰名中外的名言：just do it！

但结果并不令人十分满意：淳于长的脑袋保住了。

王莽很迷茫："为啥呢？"

汉成帝习惯性地耸耸肩，说出了另一句台词："他，上面有人。"

没错，淳于长能起死回生，并不是因为汉成帝突发怜悯，而是因为王政君发话了。

听说自己的儿子马上要被杀头的消息后，淳于长的老妈王君侠连夜进宫，觐见王政君。面对姐姐的苦苦哀求，向来没有原则的王政君，意料之中地心软了，并在涕泪中答应留住淳于长的小命。

于是，一张写着"刀下留人"的字条，传到了汉成帝的手里。

就这样，汉成帝忍着愤恨，削去淳于长的一切官职，把他赶出了长安城。

本来，事情至此便可以落幕了，但死里逃生的淳于长不甘心仕途到此终结，他决定临时加戏，死马当活马医，给自己的政治生涯打一针鸡血，令它起死回生。正是这自作聪明的节外生枝，不仅没把他的政治生命救活，反而把他的小命搭进去了。

这个节外生枝的故事是这样的：当初，大司马王商死后，红阳侯王立想继位，但淳于长在王政君和汉成帝面前说了他的坏话，导致他落选，大司马的位子被王根收入囊中。

后来，王立通过宫中太监知道了此事，从此对淳于长恨之入骨。

但奇怪的是，淳于长出事后，王立竟然主动替他求情。

面对这种反逻辑的怪事，汉成帝有点纳闷儿：难道是王立突然变得胸怀宽广了？他之前可是个睚眦必报的小人哪。

汉成帝决定派人查个清楚。

一查，内幕浮出水面。

原来，淳于长通过王立的儿子王融送给了王立大量的珠宝钱财。看在财物的分儿上，王立不计前嫌，当了说客。

汉成帝彻底愤怒了。本来，不杀你就是天大的恩典了，而你居然人心不足蛇吞象，搞什么暗箱操作。

事已至此，连王政君都不好意思出来求情了。

结果，淳于长被关进了大牢，没多久，就死在了牢里。

这件事充分证明：面对命运，还是实诚点好，你要是敢跟它耍小聪明，它就敢跟你耍流氓。

淳于长死后不久，汉成帝终于批准了大司马王根的辞职申请，而王莽则如愿以偿地接任了大司马一职。

这一年，王莽三十八岁。

那个贫穷苦闷的少年，那个初出茅庐的青年，如今，终于进入了西汉王朝的权力核心，成了王氏家族的领军人物。

5. 反腐会议

少年王莽曾目睹堂兄弟们荒淫豪奢的放荡生活，他打心眼儿里瞧不起这些纨绔子弟，而在更深层，还藏着隐隐的恨。

这种恨，从幼年开始就在王莽的心里生了根，到王莽靠着奋斗登上权力之巅后，更是被无限放大了。

不过，有一个问题令他辗转难眠：我的家人们会不会重蹈覆辙呢？

王莽知道自己当上大司马后，位高权重，会有很多人拍马逢迎，糖衣炮弹会呼啸而来。他本人倒好说，有儒术护体，很难被腐化，但他的家人就很难说了。

无数次失眠后，王莽深刻地认为，对家人进行一场反腐教育，以达到未雨绸缪之目的，是当务之急。

为此，王莽专门召开了一次家庭会议，参加者有王莽的母亲、妻子和儿子，以及他寡居多年的嫂子和如同己出的侄子。

在这场小型的反腐倡廉会议上，王莽站在战略的高度，语重心长地反复强调，作为官员家属，尤其是大司马的家属，一定要把反腐败作为一项重大而紧迫的政治任务来落实，坚持反腐倡廉常抓不懈，坚持拒腐防变警钟长鸣，以更加坚决的态度、更加有力的措施杜绝糖衣炮弹的腐蚀，以实际行动报答吾皇陛下的知遇之恩。

王莽的母亲，作为家属代表，做了言简意赅的发言，她说："莽儿，你就把这事交给我吧，我保证你的后院不会起火。"

王莽感激地点了点头，他相信，母亲有这个能力。

果然，老太太说到做到，她把王家简直治理成了廉洁奉公的标兵。

一次，老太太得了重病，王公大臣们前来探望。王莽的夫人出门迎接，结果，大臣们居然把她当成了仆人——因为她身着粗布衣裳，看起来跟奴仆没有区别。

这让众人感叹不已。

王莽的夫人尚且如此，其他家人的简朴程度更是可想而知了。

从这起乌龙事件可以看出，王莽对家人的约束还是很有成效的。但孔子跟耶稣都曾说过，生活中充满意外。

就在王莽严以律己、如履薄冰地打算为大汉朝鞠躬尽瘁死而后已的时候，汉成帝不合时宜地去世了。

这一年，是绥和二年（公元前 7 年），王莽刚刚辅政。

对于一个职业经理人来说，最惨的就是，你刚把公司的战略框架搭好，刚把人事关系理顺，正打算大干一番时，你的老板换了。王莽此时经历的正是这种愁苦。

这一年，汉成帝只有四十四岁，即使放在寿命普遍不太高的古代，也算得上英年早逝。

你怎么就死了？你怎么突然就死了呢？

王莽暴跳如雷。

是啊，汉成帝到底是怎么死的呢？

6. 成帝之死

在西汉历史上，汉成帝也算是个赫赫有名的人物。不过，他留下的却是恶名——荒淫，无耻，下流。总之，在历代昏君排行榜上，他绝对可以名列前茅。

而他与赵飞燕姐妹的故事，就是他这昏庸一生的绝妙注脚。也正是这对姐妹把他送去见了阎王——本来是故事，一不小心成了事故。

那一天，百无聊赖的汉成帝刘骜到他姐姐阳阿公主家串门，他肯定不会料到，自己会在这一天遇到那个令他神魂颠倒的女人。

事实是，当阳阿公主让自己府中的歌女为皇帝弟弟助兴时，刘骜还是一贯的懒洋洋，难道公主府的舞姬会比皇宫里的更出色吗？但当赵飞燕翩翩而出，那摄人心魄的眼神，那婀娜曼妙的舞姿，着实让他直直看了许久。

当天，刘骜就把赵飞燕带回了宫，并以闪电般的速度封她为婕妤。

刘骜把赵飞燕带回皇宫的第一天晚上，就迫不及待地想直捣黄龙。但当赤身裸体的一对男女在龙床上四目相对时，赵飞燕却紧张得哆嗦起来，一连三天皆如此。幸好，刘骜是个比较有耐性的皇帝，见此情景，他不但不急，反而欣喜。他暂时放下旺盛的欲念，与赵飞燕沟通起感情来。终于，在第四天晚上，汉成帝如愿以偿，一抹血红也证明了赵飞燕的冰清玉洁。

真相往往是滑稽的。这一切，不过是赵飞燕耍的欲擒故纵的手段。这个看似不谙世事的女孩，在很久以前就把自己的第一次献给了自己的初恋——一个穷困潦倒的英俊小伙。由于这个英俊小伙的家境实在是太贫寒了，赵飞燕没有嫁给他。所以，她的所谓紧张、哆嗦，只不过是为了激起汉成帝的征服之心。

那么，那一抹鲜红是怎么回事呢？据史书记载，赵飞燕阅读了大量有关房中术的书籍，并按照里面的招数反复练习了许久，恢复了处子之身。

反正，不管怎么说，赵飞燕成功地获得了汉成帝的宠幸，尝到好滋味的刘骜几乎夜夜在飞燕处流连。

但后宫的斗争是相当残酷的，也许今天还是掌上明珠，明天就变得不如草芥。为了增强自己的实力，赵飞燕在地位稳定下来后，将妹妹赵合德也弄进了宫。打仗亲兄弟，上阵父子兵，姐妹花的力量肯定比她孤军奋战要强大得多。

刘骜一见赵合德，顿时大喜。他发现合德并不输飞燕，而且，姐妹俩的风格不同，一个瘦弱，一个丰满；一个直爽，一个内敛，正好互补。

从此，汉成帝把后宫三千佳丽都视为粪土，专心宠幸赵飞燕姐妹。

宠爱到什么程度呢？

传说，有一次飞燕跳舞时，忽然狂风大作，竟把她吹得飞了起来。幸亏宫女及时把她拽住，才没让赵飞燕飞走。为了防止类似事件再发生，汉成帝专门命人打造了水晶盘让她起舞，又专门制作了七宝避风台为她避风，荣宠极盛。

若是一般人，到此地步也就不会得陇望蜀了，但赵飞燕姐妹不是一般人，为了进一步巩固自己的地位，姐妹俩合谋诬陷许皇后，又诬告稍有竞争力的班婕妤有邪媚之道。结果，汉成帝照单全收，废了许皇后，冷落了班婕妤，并册封飞燕为皇后，册封合德为昭仪。至此，赵飞燕姐妹贵倾后宫，无人能对她们构成威胁了。

然而，命运有时候是公平的，本来无忧无虑的赵飞燕姐妹，却被一件大事弄得心情郁闷——她俩皆不能生育。为什么不能生育呢？因为她们一直使用一种药——息肌丸，这是赵氏姐妹配制的独门美容药物，只要把药丸塞进肚脐，让其融化进体内，就会使肌肤胜雪，双眸似星。就像化疗会杀死癌细胞，同样也会导致脱发一样，这种药物的副作用就是导致不孕。

这是个大问题。

古代崇尚母以子为贵，女人再美也有人老色衰的一天，所以，为了保证富贵永久，必须得有个儿子做后盾。赵飞燕姐妹没有生育能力，这对两人的打击是巨大的。

面对同样的打击，姐妹俩选择了不同的道路。飞燕认为主要问题在皇帝，所以她选择假装怀孕，躲避皇帝，然后想尽办法借精生子。而妹妹合德以为是功夫不够，所以，她选择独霸龙体。

赵飞燕以祷神为名义，在宫内建了一间内室，除了左右侍婢，任何人不得进入。她命亲信去民间寻找年轻力壮、长相英俊的小伙，把他们装扮成宫女的模样，用小牛车拉送皇宫，供她借精。据史料记载，赵飞燕"日以数十，无时休息，有疲怠者，辄代之"。

而妹妹合德则利用自己的医学知识，研制出药丸供汉成帝服用。为了达到独霸龙体的目的，只要被汉成帝宠幸过的女人，她都会想尽办法除之而后快。她对怀孕的妃嫔尤其妒火中烧，只要谁怀孕了，那等待自己的一定是灭顶之灾。因为赵合德，汉成帝一直膝下无子。而且，有些断子绝孙的命令还是汉成帝在合德的威逼下亲口下达的。

日子就这么不咸不淡地过着，飞燕与合德各有分工，互不干涉，还互相掩护。汉成帝躲在合德温暖的怀抱里，大发感慨："我要老死在温柔乡里，不求武帝的白云乡。"

终于，在一天晚上，合德算错了药量，给汉成帝服食了过量的药物，几番云雨后，汉成帝精尽而亡。

7. 男宠张放

汉成帝宠幸赵飞燕、赵合德姐妹，并最终死在了"温柔乡"，是人尽皆知的事。其实，还有不人尽皆知的事——汉成帝不仅喜欢美女，对帅哥也是情有独钟。

汉成帝的男宠叫张放。

张放出身名门，爷爷官至大司马，姥姥是大汉朝的公主，身份显赫。

与所有男宠一样，张放有一张让人过目不忘的好脸蛋，不仅女人看后心旌荡漾，男人也是难以自持；他还聪明伶俐，善解人意，史书说他"少年殊丽，性开敏"。

如此尤物，再加上汉成帝的特殊癖好，二人一拍即合。

张放"与上卧起，宠爱殊绝"，二人几乎到了一秒都不能分开的地步。为了不被外人打扰，他俩经常乔装打扮，以微服私访为由外出，而且一去就是数月。

为了表达对张放的爱和自己的宽容，汉成帝亲自做媒，把皇后的侄女许配给了张放，并拨款数万，安排人布置礼堂。婚礼当天那排场，用白云大妈的话说就是：锣鼓喧天，鞭炮齐鸣，彩旗招展，人山人海，那是相当壮观。

有个成语叫作盛极而衰，汉成帝与张放太张扬了，引起了以大司马王凤为首的一些皇室贵族的不满。

贵族一不满意，后果就很严重了。他们联合上书，同时在太后王政君面前大肆渲染汉成帝与张放之间的种种不堪，说长此以往，国将不国。

王凤的政治势力十分强大，连皇帝都要忌惮他几分。太后王政君在王氏家族的力挺下，对汉成帝施加压力，要求他把张放赶出京城，发配到鸟不拉屎的地方，永不得回朝。

面对庞大的外戚势力，汉成帝毫无办法，只好悲痛欲绝地将张放发配到边远之地。离别之时，二人抱头痛哭，场面令人动容。

在没有张放的日子里，汉成帝过得浑浑噩噩，食不甘，睡不香。没过多久，他就被思念折磨得心肝俱伤，最后实在忍不住了，便大胆地派人将张放接回了都城。

可没幸福几天，王凤们开始抗议了。汉成帝没办法，只好再一次将心上人送走。分别之时，二人再次抱头痛哭。

没过多久，汉成帝又忍不住了，他又派人把张放接了回来。为了补偿张放，汉成帝还对他加官晋爵，大肆赏赐。遗憾的是，相聚没几天，王凤故伎重演，张放又被赶了出去。

如此反反复复了数次，汉成帝也累了，也烦了。他不把张放唤回来了，而是将深深的思念化成一封封情书，"玺书劳问不绝"。

没了张放，汉成帝一头扎进赵合德的怀抱，并最终死在了他一直称赞不已的"温柔乡"里，也算死得其所。

千里之外，张放听到这个噩耗时，顿觉天昏地暗，日月无光。没多久，他就"哭泣而死"，跟随情郎归天了。

第三章　韬光养晦

1. 以退为进

由于汉成帝没有子嗣，他驾崩后，由其弟定陶恭王刘康的儿子刘欣即位，史称汉哀帝。

刘欣是个才疏却志大的人。汉成帝在世时，刘欣见皇权旁落，外戚王氏一家独大，时感愤愤不平。待被汉成帝立为太子，更是壮志凌云、豪情万丈，有上九天揽月、下五洋捉鳖的气势。他经常重复的一句话是："哼，等老子当了皇帝……"

好了，如今长缨在手，他发誓要缚住苍龙。这苍龙，就是以王莽为代表的王氏家族，及在其庇护下的门生党羽。

说实话，这个工程比较浩大，难度系数也较高，但汉哀帝固执地坚信有志者事竟成，苦心人天不负。

按照规矩，汉哀帝即位后，汉成帝的皇后赵飞燕自动升级为太后，汉成帝的母亲王政君则是太皇太后。

可问题是，这俩人跟汉哀帝没有半点血缘关系，汉哀帝有自己的亲奶奶和亲妈。

此时，王政君虽然名义上是太皇太后，但汉哀帝毕竟不是她的亲孙子，不可能像汉成帝那样对她言听计从。而且，汉哀帝的亲奶奶傅太后，以及亲妈丁姬，都不是省油的灯。她们都在大力地发展自己娘家的势力，帮着哀帝从四面八方挤压王氏家族，大有取而代之的意思。

王莽冷眼观察着这一切。他心中明镜高悬，但脸上不露声色。他的隐忍麻痹了汉哀帝。

汉哀帝觉得自己初出茅庐，牛刀小试，收获颇丰，有点小得意。

人性存在很多弱点，小得意很容易变成大得意，大得意很容易变成扬扬得意，之后便是得意忘形。

汉哀帝在忘形之后，更加肆无忌惮了。他开始全面出动，集中打击王家的势力，打击的办法很简单——由下往上，换掉对手的人，换上自己的人。

刚开始，王莽像个老猎人一样按兵不动，但当他看到效忠王家的官员一个个被换掉，而且已经涉及重要岗位的时候，他知道自己该做点什么了。

但他不能自作主张，毕竟，王家的老大是当今的太皇太后王政君。没有她点头应允，王莽不敢贸然行动。

王莽连夜进宫觐见王政君，找她商量对策。

在通报了大体情况后，王莽问了一个简单的问题："进，还是退？太后，您发个话。"

他胸有成竹，凭着王家的根基，还有他的能力，不管是进还是退，他都能让汉哀帝搬起石头砸自己的脚。

可令他失望的是，王政君很茫然，她不断重复着一句话："问题有这么严重吗？真有这么严重吗？"

王莽有点无奈，但又不得不耐心地答复她："是的，问题很严重，比您想的还要严重。"

王政君沉默了一会儿，一时拿不出个主意，她反问王莽道："进，怎么进？退，又该如何退？"

王莽说："进，就是针锋相对，跟他们争个高低，直到他们知难而退。退，就是趁他们立足未稳，咱们完全撒手不管，等到他们犯错误，咱们再出来收拾残局。"

王莽的这个战略方针是经过深思熟虑的。他知道，汉哀帝初来乍到，手中无将，胸中无策。此刻的折腾，看似来势汹汹，其实不过是猫扮老虎。

遗憾的是，王政君看不到这一点，也理解不了王莽的策略，她只是坐在那里不知所措地说："这个……那个……"

"我看还是顺其自然吧。"这是王政君犹疑后的答案。

王莽急了："太后，现在可是关系到生死存亡的时刻啊，必须做个决断。"

王政君又犹疑了一番，终于下定决心："那就退吧。"

这个决定完全符合王政君的性格。

第二天，王莽就向汉哀帝递了一份奏折，以旧疾复发为由，请求辞官回家。

汉哀帝看过奏折后，有点吃惊。他当然想把王莽换掉，但眼下无人可换啊。而且王莽负责的工作，还真不是一般人能干的。更要命的是，如果王莽辞职，那么他那些身居要位的亲信们也肯定会撒手不管，朝局会彻底乱了。

权衡一番后，汉哀帝做出决定：现在还不能放王莽走。

于是，汉哀帝给王莽下了一道可谓声泪俱下的诏书：先帝把朝政委托给你，并嘱你辅佐朕。可如今你却要弃朕而去，这是赤裸裸地违背先帝的旨意啊。对此，朕感到十分悲伤。你快回来上班吧，朕等着你。

他以为王莽这是在撒娇呢，只要拿诏书哄一哄，他就会立马乖乖回来替他办事。

汉哀帝实在是太小看自己的对手了。王莽接诏后，继续装病，根本没理他。

汉哀帝有点慌了，但他立即找到了问题的关键，他马上派丞相孔光、大司马何武、左将军师丹等托孤重臣来到太后寝宫，跪在王政君面前，声泪俱下地哀求道："皇上接到大司马的辞职信后，悲痛欲绝。您老人家快催促大司马回来上班吧，不然，皇上也打算罢工了。"

这段连哀求带恐吓的戏码，竟然骗住了王政君。她天真地认为，是王莽错误地高估了敌情。再加上，她向来没有原则、没有主见，片刻间心一软，就答应了众臣的请求。

面对王政君的决定，王莽很受伤，也很无奈。

不过，上有政策，下有对策，班是可以上的，但可以出工不出力嘛。此外，王莽一直琢磨着找个茬儿，让汉哀帝不得不把自己撵回家，而且得在汉哀帝羽翼丰满之前。

王莽的运气不错，茬儿很快就自己送上门来了。

2. 找茬儿游戏

这个茬儿来源于一份奏折。

刘欣出身于藩王，封地的名字叫定陶国，位置大约在今山东省菏泽市定陶县。

在刘欣还是藩王的时候，他的亲奶奶傅太后，以及亲妈丁姬，就已经按照藩王的标准，有了各自的封号。

如今刘欣摇身一变，从藩王变成了皇帝，那么他的奶奶和母亲的封号又该作何处理呢？

不好意思，那二位还是藩王的级别。没办法，这是历史原因。历史原因，是个比较令人头疼的问题。你解决吧，人家说以前一直是这样的；你不解决吧，又觉得有点别扭。

傅太后和丁姬肯定有别扭的感觉，自己的孙子、儿子是堂堂天子，而自己却不能理所当然地做太皇太后、太后。就像让一只猫面对一条鲜鱼，心痒难忍啊。

汉哀帝怒了："老子是皇帝，凭什么不让朕的奶奶和母亲做太皇太后和太后？什么？那两个位子上已经有人了？这有什么，大不了下双黄蛋嘛。"

这事还真不能这么办。尽管这看似是汉哀帝的家事，但皇帝的家事关系到天下安危，家事就是国事。既然是国事，就必须经过大臣们的同意。

尽管不是所有臣子都有安国定邦的本事，但几乎人人拥有维护祖制的决心。

比如皇帝想要废掉皇后，改立自己喜欢的女人。大臣们会说，皇后没有犯错，不该随便废掉。——大多时候，皇帝只会作罢。

再比如皇帝想要废掉身为长子的太子，改立更有才能的幼子。大臣们会说，自古立长不立幼，皇上废长立幼，此乃取乱之道也。——大多时候，皇帝也只能作罢。

这就是规则，连皇帝都不得不遵守。

头脑发热的汉哀帝决定跟大臣们过过招。

但这事不能自己提出来，他再好意思，也不会好意思到这种地步。他准备找个急于靠讨好新君而上位的家伙帮忙，这个家伙就是高昌侯董宏。

在汉哀帝的暗示下，心思活泛的董宏心领神会，当即拟了一份奏折：根据《春秋》之义，母以子为贵，如今陛下是万乘之尊，陛下的祖母和母亲却不能获得相应的封号，实在不合情理，必须立即马上一刻不能耽误地给予二位更尊贵的封号，即分别尊称傅太后和丁姬为太皇太后和太后。

拿到奏折的汉哀帝很满意。朝会时，他装模作样地拿出奏折，让大臣们讨论此事。

毫无意外地，以王莽为首的大臣们对此表示了坚决的反对和深深的愤慨。汉哀帝只好灰溜溜地表示："这都是董宏的主意，跟我没关系。"

这事到此还不算完。

一直想找茬儿的王莽觉得这是个机会，于是朝会之后，他立即拟了一份奏折，明为弹劾董宏迷乱圣上、破坏规矩，实则贬低傅太后和丁姬，惹怒汉哀帝。

汉哀帝看了奏折，气得差点儿吐血，但他拿王莽毫无办法。

更让他怒火中烧的是，左将军师丹也写了一份意思类似的奏折，措辞甚至比王莽还要激烈。

汉哀帝惊出一身冷汗，他第一次见识到王莽在群臣中的威望和人气，当初那股誓要缚住苍龙的锐气一下子减了一大半。

这事过去没多久，又一个茬儿让王莽找到了。

这次的起因是一次宴会。

大约是赶上了传统节日，未央宫要举行盛大宴会。宴会上座位的排次问题是个大学问，谁坐最尊贵的位置？谁等而下之？都是不可小觑的问题。

在西汉，负责安排这事的官员叫内者令。

这位内者令不知是出于讨好皇帝的目的，还是得到了汉哀帝的某些暗示，总之，他在安排座位时，给予了太皇太后王政君和傅太后同样的待遇——一模一样的带有帷帐的椅子并排而列。

王莽在宴会前巡视时发现了这个问题，他当即找来内者令，大声训斥道："傅太后是藩王的太后，是元帝的姬妾，怎么能跟尊贵的太皇太后同等待遇，你这是破坏尊卑之礼。"

"破坏尊卑之礼"可是顶大帽子，搞不好是要掉脑袋的。内者令被训得额头冒汗，当场承认错误，并立即撤去了傅太后椅子上的帷帐，换成了同别人一样的普通椅子，位置也在王政君之下。

没等宴会开始，这事就传到了傅太后的耳朵里。老太太觉得自己受到了侮辱，她怒火攻心，泪流满面，气得连宴会都没去参加。

事后，傅太后三番两次地找汉哀帝，希望孙子替自己报仇。而汉哀帝明知自己受辱，却因抓不到王莽的把柄而无可奈何。不过，这又怕又恨的种子算是在他心里种下了。

经过这件事，王莽觉得火候差不多了，便再次递交了辞呈。

这次，汉哀帝忙不迭地批准了，全然不顾是否找到了适合接替王莽位子的人。此时，他心中只有一个想法："您老人家赶快离开吧，离我越远越好。"

王莽终于得偿所愿，他告别了同事朋友，告别了姑姑王政君，告别了长安城，带着妻儿老小，回到了自己的封国——新都（治所在今河南新野县）。

3. 哀帝与董贤

王莽辞官后，汉哀帝先后任命傅太后的堂弟傅喜、母亲丁姬的弟弟丁明担任大司马一职，但如他所料，大司马的确不是谁都干得了的，尤其是在王莽旧部的掣肘之下；而汉哀帝显然没有本事把所有官员都换掉——这让他焦头烂额。到后来，他干脆破罐子破摔。什么豪情壮志，什么理想抱负，全都随风而去。他像所有没出息的昏君一样，开始耽于享乐，随心所欲，为所欲为。

跟他的前任——汉成帝一样，汉哀帝也养起了男宠。而比汉成帝更荒唐的是，他居然任命自己的男宠为大司马。

汉哀帝的男宠叫董贤。

有个和"龙阳之好"并列的表示"同性恋"的专用词叫"断袖之癖"，这个词的制造者，就是汉哀帝和董贤。

某日，哀帝与董贤同床午休，汉哀帝醒得早，便想下床溜达溜达，可起身时发现自己的袖子被董贤压住了。董贤睡得正香，若是硬扯，说不定会把他弄醒。怎么办呢？为了不打扰董贤睡觉，汉哀帝灵机一动，抽出床边的佩剑，哧哧两下，把袖子给割断了。

自此之后，人们便用"断袖之癖"来委婉地表达"同性恋"之意。

董贤到底是何许人也？为何能得到汉哀帝如此浓情蜜意的眷恋？除了"断袖"这场戏，他们之间还有哪些精彩的故事呢？

毫无意外，董贤也是个长相俊秀的小白脸，且性格柔顺，颇有女风，"美丽自喜"。"自喜"意为自信、自恋，整天"对镜贴花黄"。

早在汉哀帝还是太子的时候，董贤就靠着高官老爸的关系，在太子府当舍人。当时，董贤也就十五六岁。

太子舍人众多，而董贤又是个小孩，所以未被委以重任，与汉哀帝并不熟悉。汉哀帝仅是知道府内有个叫董贤的孩子，长得还不错。

汉哀帝即位后，按照惯例，原本在太子府跟随他的那些手下都要升官。董贤太普通，没立过什么功，只被升为叫作"侍郎"的小官。

侍郎的工作很简单——传漏，形象点说就是真人版闹钟。

西汉时还没有现代钟表，计时工具是沙漏。董贤的工作就是站在沙漏旁，待到整点时，朗声大喊现在几时几刻。

某日，轮到董贤值班报时，汉哀帝鬼使神差地朝他多看了一眼。这一看不要紧，汉哀帝彻底被这张美得惊为天人的脸吸引了，他春心大动，招手把董贤叫到面前。一问姓名，原来是董贤。哀帝大喜："哦，原来你就是给我当过舍人的董贤啊。"

二人一聊天，汉哀帝顿觉相见恨晚，当即封董贤为黄门郎。从此，董贤常侍哀帝左右，几乎寸步不离，二人一块儿吃，一块儿睡，一块儿娱乐，俨然热恋中的小情侣。

经过一段时间的相处，哀帝对董贤愈加喜爱。而董贤也发挥自己的特长，好生地伺候着汉哀帝。有时候，哀帝体谅他，让他回去休息。可董贤就是要坚守岗位，坚决不回去。

汉哀帝大为感动，对董贤的封赏纷至沓来，"旬月间赏赐累巨万，贵震朝廷"。

为了死后也能有董贤相伴，哀帝还命人在自己的陵墓旁为董贤修建了陵墓，其规格完全是诸侯王的级别——宽阔的墓道，巨大的墓室，高大华丽的门阙、屏风，以及特制的棺椁和象征尊荣的金缕玉衣。

汉哀帝大概觉得赏赐已无法表达自己的爱意了吧，他还在宫里为董贤建了一座华丽的大房子，然后让董贤把妻子接过来团聚。看到董贤的妻子也是美丽迷人，汉哀帝干脆把她也收进了帐内，左拥右抱，好不惬意。

后来，汉哀帝听说董贤的妹妹长得和董贤很像，也是个大美人，便把她也弄进了宫。汉哀帝一高兴，第二天就封她做了昭仪。

自此，董贤与妻、妹尽心尽力地服侍哀帝。哀帝幸福得整天嗷嗷大叫，遇人就问："你说，夫复何求？"

董氏兄妹把哀帝服侍得这么好，恩赏自然是少不了的：董贤的父亲被封为关内侯，岳父被封为"大匠"——相当于今天的建设部部长。其他诸如亲弟弟、妻弟等也都加官晋爵，甚至连董贤家的奴仆也得到了相应的赏赐。古语说，一人飞升，仙及鸡犬——董贤就是个非典型的经典案例。

为什么董贤没获升迁呢？因为汉哀帝想让他做侯。无奈汉高祖刘邦留下祖训："非刘氏不得王，非有功不得侯。"而董贤除了有侍寝之功外，手无寸功，完全不符合条件。

汉哀帝不敢违背祖训，只好静静地等待机会。

终于，机会来了——东平王刘云的王后祈天拜神诅咒天子，被人密发，经审查，属实。

诅咒天子可是第一等的大罪啊，那么举报此事的人就算立了大功，按律可以封侯。想到这儿，哀帝高兴坏了，他偷偷摸摸地召来两名密告者，授意他们对外宣称是董贤和他们一起举报的。

费尽一番心机，董贤总算有功了，哀帝立即封他为高安侯。

封侯之后，哀帝还不过瘾，又寻了个莫须有的罪名，把自己的亲舅舅——大司马丁明给撸了下来，让董贤接任。

大司马可是"一人之下，万人之上"的大官，封赏到了这个地步，按说也该差不多了。但哀帝还是不满足。

那怎么办呢？只好把自己的皇位送给董贤了。这个想法在哀帝心中藏了很久，终于在一次大宴群臣的宴席上吐露了出来。史书中是这样记载当时的场景的：

上有酒所，从容视贤笑，曰："吾欲法尧禅舜，何如？"

群臣吓坏了，都不知道该如何回答，只得一个个假装用筷子夹菜，低头不语。

在尴尬的静默之中，有个人忍不住了，他跳起来，义愤填膺地说："天下乃高皇帝天下，非陛下之有也。陛下承宗庙，当传子孙于亡穷。统业至重，天子亡戏言！"

汉哀帝被这充满讥讽与批评的铿锵之言惊住了，他仔细一瞅，此人是中常侍王闳。

王闳历来刚直不阿。汉哀帝虽然不高兴，但因为理亏，没有治王闳的罪，而是将他赶出了宴席，并且不再让他参加类似的宴会。

事后，哀帝自知失言，就没有再提这事，这个想法最终没能变成现实。但它像一面清晰的镜子，映出了董贤获得的极端的恩宠。

董贤毫无政治才能，不过是个中看不中用的绣花枕头。由这样的人担任大司马，简直是儿戏。于是，在昏庸的汉哀帝和无能的董贤这两个极品的配合下，西汉王朝的国势每况愈下，连汉成帝的时候都不如了。

4. 悠久的传统

汉成帝与汉哀帝这对叔侄真是志同道合、兴趣相投啊，有人不禁要问了，汉朝的皇帝是怎么了，难道有同性相恋的基因？

即便没这个基因，也有这个传统。

在成帝和哀帝之前，汉朝还有两位同性恋皇帝，其中一位还是中国历史上大名鼎鼎的盛世贤君。

先说汉惠帝。

汉惠帝刘盈是大汉朝的第二任皇帝，父亲是刘邦，母亲是吕后，都是一等一的狠角色。按照遗传学理论，他们的儿子也该性格刚毅。但很遗憾，刘盈身上无半点乃父乃母的狠劲，他完全是个优柔寡断、宽厚仁慈之人。

在寻常百姓那里，宽厚仁慈算不得什么缺点，甚至还是美德；但要玩政治游戏，这就是致命的弱点了，宽厚仁慈与优柔寡断搭配，几乎等同于懦弱。

因为懦弱，刘邦十分瞧不起刘盈，怎么看怎么不顺眼，整天一副"我怎么生了这么个玩意儿"的表情，还萌生过废掉他的想法，幸亏有吕后从中斡旋，刘盈才得以保住了太子之位。

这件事，对生性敏感的刘盈打击不小，他越来越自卑了。

汉高祖十二年（公元前 195 年），刘邦驾崩，刘盈继位，年仅十五岁。

因为年纪尚小，刘盈在当太子时并没有成婚。但当上皇帝后，他就得有个皇后了。

不过，谁当皇后，刘盈说了不算，他得听吕后的。

吕后是个极有城府和野心的女人，她知道自己的儿子性格太过软弱，如果找个外人做皇后，很可能导致皇后参政，外戚专权。为了不让大权旁落，她想了一个两全其美的办法：让自己的亲外孙女——也就是鲁元公主的女儿张嫣嫁给刘盈。

听到这个消息的刘盈差点儿昏死过去，娶自己的外甥女？这怎么下得去手啊？

但他没有反抗的力量，只能唯唯诺诺地接受了。就这样，刘盈与小自己八岁的外甥女成婚了。

新婚当夜，看着昨日还称自己为舅舅的小姑娘坐在自己的大床上，刘盈有种想吐的感觉。于是，他和衣而坐，给自己的外甥女兼小新娘讲了一夜的故事。

之后的一个个夜晚，他们几乎都是这么度过的。据史书记载，张嫣至死还是纯洁的处女之身。

本来，娶外甥女这件事就够刘盈受的了。没想到，刺激的还在后面。

吕后掌权后，开始丧心病狂地迫害那些曾经跟自己争宠的女人。其中，最受刘邦宠爱的戚夫人的下场最为凄惨。

吕后先是设计毒死了戚夫人唯一的儿子刘如意，然后把戚夫人囚禁了起来，让她戴着笨重的枷锁做舂米的重活。后来觉着这样还不过瘾，又派人残忍地将戚夫人的四肢砍断，挖去眼睛，熏聋双耳，灌药使她成了哑巴，最后扔进厕所，称之"人彘"。

如果此事悄悄地进行也就罢了，可吕后偏偏还要邀请刘盈去观赏自己的杰作——她大概想以此来激发刘盈内心的狠劲吧。但事与愿违，刘盈被吓得脸色大变，差点儿昏死过去，然后大叫："这真不是人能干出来的事啊，作为你的儿子，我没脸再掌管天下了！"之后便一病不起，一年之后才恢复健康。

这事对刘盈的刺激太大了，他彻底自暴自弃了，不再关心国事，整日饮酒嬉戏，跟后宫的美女们疯狂玩乐。

没过多久，他就对女色厌倦了，开始把视线转移到男人身上。据史书记载，当时的许多郎官都是这种打扮：头戴装饰着漂亮羽毛的帽子，腰围贝玉带，脸上涂满脂粉，走路摇臀晃腰，十分风骚。这些人，都是刘盈的男宠。

其中最受刘盈喜爱的，是个叫宏孺的男宠。

这宏孺生得细皮嫩肉，面如冠玉，目光阴柔，聪慧伶俐。在他身上，刘盈找到了男性的雄风。

刘盈对宏孺宠爱到什么地步呢？有一个故事可以为证。

吕后有个地下情人叫审食其，靠着给吕后提供情感服务，竟然被封为辟阳侯，是吕后的忠实走狗。

刘盈极其痛恨他，一直想找机会干掉他。苦心人天不负，一天，刘盈终于找到了一个借口，他将审食其关进了大牢，准备治其死罪。

吕后十分恼火，她知道是自己的儿子在发泄内心的不满，但以她的身份，还真不便出来求情，只好尴尬地观望事态的发展。

审食其的朋友朱建挺身而出，救了审食其一命。

朱建曾是淮南王黥布的手下，当年，黥布要造反，朱建极力反对，无奈黥布不听。后来，黥布兵败被杀，刘邦听说朱建曾劝黥布不要造反，并且没有参与造反之事，对他另眼相看，将其召入朝中，委以重任，并封其为平原君。

朱建能言善辩，口才极佳，同时性格刚正，为官清廉，口碑不错，朝中大臣多喜欢与他结交。

审食其也向朱建抛出过橄榄枝，但朱建鄙视他的身份，根本不理他。后来，朱建的母亲去世，手中拮据，没钱安葬，精明的审食其抓住机会，给了他一大笔钱。为了葬母，朱建也顾不得许多了，于是照单全收。

俗话说，吃人家的嘴短，收了审食其的钱，朱建就不好意思对人家冷眼相对了，于是，二人成了朋友。但朱建打心眼儿里还是看不起他的。

这次朱建帮审食其出头，其实只是在报答审食其之前的馈赠之恩。

朱建很聪明，他没有直接去找刘盈，而是采用迂回策略，让刘盈的男宠宏孺前去讲情。宏孺凭什么听他的呢？这就需要方法了。

他首先恫吓宏孺道："审食其一死，你的性命也就难保了。"

胆小的宏孺被吓了一跳，但还是不太相信这是真的。于是，朱建苦口婆心地分析道："你想想啊，你受皇上宠爱，审食其受太后宠爱，如今大权其实掌握在太后手中，一旦皇上将审食其杀掉，太后必定报复，那你就难逃一死了。"

这话说得太有道理了，不由得宏孺不信。于是，宏孺使出浑身解数，到刘盈面前替审食其求情。

本来，刘盈的态度十分坚决，几乎油盐不进，但在自己的男宠面前，他却败下阵来，乖乖地把审食其放了。

放了审食其之后，刘盈和吕后之间的关系也有所缓和。但二人毕竟不是一条路上的人，本性软弱的刘盈始终走不出强势的母亲在他身上投下的阴影。

就这么浑浑噩噩地又过了几年，到汉惠帝七年（公元前188年），纵欲过度又心灰意冷的刘盈终于走完了短暂的人生之路，年仅二十二岁。

5. 不可思议的汉文帝

说完汉惠帝，接下来说说汉文帝。

汉文帝刘恒是汉高祖刘邦的儿子，汉惠帝刘盈的弟弟。在中国历史上，是位获得较高评价的皇帝，著名的盛世"文景之治"中的"文"说的就是他。

汉文帝刚即位时，大汉朝的经济还比较落后，百姓的生活比较艰苦，作为皇帝，他以身作则，例行节俭。据说，他连一件破衣服都舍不得扔掉，上面的补丁一个摞一个。大臣们见皇帝都穿成这样，自然不敢衣着光鲜了，于是纷纷勤俭节约，以穿带补丁的衣服为时尚。

那时候，还不是市场经济，不消费就意味着财富积累。就这样，经过一段时间的积累，大汉朝终于缓过劲儿来，国库充盈，百姓富足。

日子好过了，皇帝也就没必要那么寒酸了。就是在这个好时候，汉文帝遇到了自己一生的最爱——邓通。

邓通本是四川岷江边上的一个船夫，因为驾船技术高超，被选拔进了宫廷的船队，专门负责给汉文帝驾船。

如果故事就这么平铺直叙地发展下去，那么邓通这辈子可能就是个船夫了，虽有机会瞻仰圣上尊容，但也是下等人。

但"时来天地皆同力，运去英雄不自由"，如果老天要给你一个发达的机会，你躲都躲不掉。邓通的机会来得比较玄幻，它仅仅是一个莫名其妙的梦，而这个梦是尊贵的汉文帝做的。

这天晚上，汉文帝做了一个奇怪的梦：他梦到自己在艰难地登天，但不管他怎么努力，就是差一步登上天庭。恰在这时，一个船夫模样的人在背后使劲推了他一把，他因此顺利地登了上去。汉文帝急忙转身，看到的是一张帅气的脸。正当他要询问此人姓名时，天亮了，他醒了。

醒来之后，汉文帝对登天的事渐渐模糊了，但对那张脸记忆犹深：这个人到底是谁呢？是神？是人？还是鬼？

按照之前定好的游玩计划，汉文帝前往皇家花园的人工湖泛舟。玩乐之余，他的脑海中仍然不断浮现出那张梦中的脸。就在此时，有一张与梦中所见一模一样的脸从他面前一晃而过。汉文帝有点恍惚，他定了定神，朝划船的船夫望去。真是"踏破铁鞋无觅处，得来全不费功夫"啊，这个船夫的衣着打扮、相貌身材与梦中人完全一致！

汉文帝大喜，忙问此人怎么称呼，此人战战兢兢地答道："邓通。"

汉文帝兴奋得嗷嗷大叫，当即赏赐了邓通许多金银珠宝，并且提拔他当了大夫。

邓通虽没有什么大本事，但长得招人稀罕，又有一张如蜜糖一般的小嘴。汉文帝对他真是越看越喜欢，这喜欢不断升级，就进化成爱了。他不顾世俗的眼光，将邓通收进内宫，做了自己的男宠。

渐渐地，汉文帝觉得赏赐邓通金银珠宝已经不足以表达自己的情意了，但他一时又想不到更好的方法。恰好，这天有个精通算术的家伙来找汉文帝聊天，邓通也在现场，于是汉文帝命此人为邓通预测一下未来。

此人很正直，在端详了邓通帅气的脸后，忧心忡忡地说："陛下，总的来说，邓爷的面相很富贵，但结局不太好啊。如果我没看错，他最终可能会被饿死啊。"

听闻此言，汉文帝哈哈大笑起来，那意思是：你这说法也太无厘头了，有我在，他能饿死？

不过，此人的话却启发了汉文帝——不是一直在琢磨如何更好地赏赐邓通吗？这下有办法了：为了不让邓通饿死，汉文帝赏赐给邓通一座铜矿山，让他自己采矿，自己铸钱。只要矿山在，邓通就不会缺钱花，也就永远不会饿死了。

获得了如此特权的邓通马不停蹄地赶往铜矿山所在地，安排人采矿、铸钱。没多久，手握货币制造权和发行权的邓通就变得富可敌国了。

眼看着相士的预言就要成空，可就在这紧要关头，汉文帝驾崩了。他的儿子继位，是为汉景帝。

和汉文帝不同，汉景帝对邓通没有半点兴趣，相反，他还十分憎恨他。汉景帝对邓通的恨源自"吸脓事件"。

汉文帝还活着的时候，有一次屁股上长了恶疮，流脓不止。对汉文帝全情投入的邓通看到不断流出的脓水，二话没说，直接用嘴一口一口地将脓水吸了出来。此情此景让汉文帝大为感动，事后，他摸着邓通的脸蛋说："在这世界上，还是你最爱我啊。"

可这邓通偏偏要拍一下未来的皇帝也就是此时的太子的马屁，于是接话道："哪有啊，这世界上最爱陛下的应该是太子殿下。"

汉文帝不信，就对邓通说："咱们测试一下吧。"

于是，文帝派人将太子叫到病榻前，并吩咐他用嘴吸脓。太子看了一眼恶臭难闻的脓疮，被恶心得差点儿吐出胆汁。但为了自己的太子之位，他不敢说不，只能硬着头皮、皱着眉头、心不甘情不愿地蜻蜓点水般地吸了一小口，然后就匆忙地申请退下了。

这一切，都被汉文帝看在眼里。

太子回到住处后，胃中忍不住地翻腾，十分难受。更让他难受的是，他知道今天的表现十分差劲，肯定给父皇留下了不好的印象。事后，他通过汉文帝的贴身太监知道了此事因邓通而起，于是深深地怨恨上了这个将马屁拍到了马蹄上的可怜之人。

如今，汉文帝不在了，他可以舒舒服服地收拾邓通了。

汉文帝死后没多久，景帝就以"邓通不顾经济规律，滥铸货币，造成大汉朝通货膨胀，影响了经济发展"为由，收回了矿山和货币的铸造权，还派人将邓通家抄了个底朝天，没给他留一个铜板。

昔日的亿万富翁一夜之间变成了一文不名的穷光蛋，邓通欲哭无泪。多年的富足生活，使他连驾船绝技也丢了。一无所有又一无所长的邓通只好沦落为长安城的一个乞丐。

而在汉景帝的暗示下，长安城里没人敢施舍给邓通哪怕一粒米饭。呜呼哀哉，走投无路的邓通，最终饿死在长安城的官道旁。

第四章　重获新生

1. "道"与"势"

就在汉哀帝忙着与男宠董贤卿卿我我、甜甜蜜蜜的时候,王莽在做什么呢?

他洗尽铅华,闭门谢客,在封地新都一待就是三年。

在这三年里,王莽既不卷进朝廷纷争,也不作威作福,一副与世无争的样子。

但这只是表面。

此时的王莽刚刚四十出头,正处于男人的黄金时期,他不可能甘心就这么蛰伏下去。退,是为了更好地进。

古往今来,欲成就一番大业,离不开三样东西:道、势、术。

"道"是思想和理念,是境界和眼光,属于战略层面,决定了高度。

"术"是做事的策略和方法，是执行力，是细节，属于战术层面，决定了效率。

"势"介于战略和战术之间，它很模糊，可以是地位、权力等硬实力，也可以是人气、威望、名声等软实力。

"术"和"势"是"道"的推动力，"势"又是"术"和"道"的催化剂。有"势"，则"术"能事半功倍，"道"能有所凭恃。无"势"，"术"则寸步难行，"道"也成了虚空的理论。

最佳的状态，就是这三者天衣无缝地结合。

王莽的"道"，就是儒家思想。这三年，无繁忙俗务的纠缠，正是读书悟道的好时机。王莽仿佛回到了学生时代，他把儒学著作一本本地拿出来，反复研读，以求从中找到治世良方。

当时，困扰西汉王朝的两大危机是愈演愈烈的土地兼并和残酷无情的蓄奴风气。对于这两点的改革，是后来的王莽改制中的重头戏。

也许正是这三年的静悟，让王莽从儒学中找到了解决问题的钥匙，顺便绘好了日后的执政蓝图。这一点至关重要，它是质变，预示着王莽从一个懵懂的政客，化身为了政治家。政客与政治家的本质区别在于，前者仅仅是个务实的现实主义者，而后者则拥有政治理想。

再说说王莽的"势"。

王莽向来注重自己的名声，这在少年时便初见端倪；为官之后，他更是咬定青山不放松。他廉洁、简朴，他待人谦恭、公正不阿，这些品质，为他赢得了声望。当然，这也有可能是王莽故意为之，是虚伪，是表演，《汉书》上就是这么记载的。但《汉书》是东汉史官修的，而东汉的开国者刘秀是刘邦的子孙，是王莽的仇敌。

在封地的三年，王莽谨慎克己，而在这期间发生的一件大事，则为他原本就良好的名声锦上添花。

王莽的次子王获在一怒之下杀死了府中的一个奴婢。

这事很快传扬开来。

其实这在当时算不上什么大事，只因契合了当时的形势——蓄奴之风愈演愈烈，而且王获又是王莽的儿子，才如此引人关注。

按照当时的法律，奴隶等同于牛马，奴隶的所有者，是可以随便处置奴隶的。所以，杀死个奴婢，根本没有必要偿命。

但王莽却告诉王获："你得抵命。"

王获有点吃惊："她仅仅是个奴隶。"

王莽的语气不容置疑："正因为她是个奴隶。"

王获："我是您儿子。"

王莽略带忧伤："正因为你是我儿子。"

最终，王获自杀谢罪。

在这起事件中，王莽的极端行为是出于对儒学中"天地之性，人为贵"这一信条的尊崇呢，还是因为爱惜自己华丽的羽毛？

或许二者兼而有之吧。

不管怎么说，杀子事件发生后，人们在唏嘘感叹之余，对王莽更是大加赞扬，赞扬他大义灭亲，赞扬他秉持公义。

王莽的"势"又增加了。

至于"术"，对于王莽来说只是小菜一碟。

他已不在江湖，但江湖上仍流传着他的传说。三年间，为王莽鸣冤叫屈、大唱赞歌的奏折有一百多份，它们压在汉哀帝的龙案上，像一封封杀气腾腾的战书。

更过分的是，连老天都来为王莽助威。

汉哀帝元寿元年（公元前2年）正月初一，日食悄悄降临在西汉的天空中。汉哀帝大为惊恐，他不安地询问朝臣："你们说，这是为什么呢？"

有朝臣说："这是上天在表示对陛下的不满。为什么不满呢？因为您把王莽赶出长安城，让他在封地赋闲。"

汉哀帝有点委屈："我没赶他啊，是他自己要走的。"

朝臣一脸正气："上天可不这么认为，如今唯一的办法就是把他请回长安。"

汉哀帝无可奈何，只好说："那就把他请回来吧。"

就这样，王莽结束了三年的半隐居生活，回到了阔别已久的长安城。但此时的他没有任何官职，仅仅是以侍奉王政君的名义留在京城。

经过三年的充电，此时的王莽已经今非昔比，其状态大概可以用一句话来形容：千万不要给我机会，否则我就是舞台上的男一号。

仅仅一年后，王莽就重新站在了舞台中央。

2. 新旧交替

元寿二年（公元前1年），年仅二十四岁的汉哀帝突然驾崩了。他死得如此突然，以至于正史中并没有留下关于他的死因的记载。

不过，据活泼的野史记载，哀帝死于纵欲过度。

他的死，为活着的人留下了一个难题。与汉成帝一样，哀帝也没儿子，而且生前并没有立太子。如此一来，西汉朝局便出现了权力的真空。

此时，汉哀帝的亲生母亲丁姬以及亲奶奶傅太后也已先他而去，而历经三朝的老太后王政君身体依然康健。不用说，哀帝一死，她就成了国家的老大了。

老大归老大，但她并不敢掉以轻心，一旦朝廷中哀帝的亲信有异心，新旧权力的交接就将变得十分棘手。在这关键时刻，一向平庸无能的王政君竟然做出了她平生极少有的英明决定。她一面亲自前往未央宫，将代表天子身份的玉玺收入囊中；一面派人火速赶往王府，急召王莽进宫。

王莽火速进宫。

当他赶到未央宫，看到玉玺在王政君手里时，他心里一下子就踏实了。

玉玺就像商品的防伪标识，有它在，大家就信你。

王政君问道："接下来，我们该做些什么？"

王莽不假思索地、坚定地说道："兵权。在这敏感时期，谁握有兵权，谁就有话语权。"

没错，玉玺是防伪标识，兵权就是质检局，是最终的判官。

王政君微微一笑："那你跟我想的一模一样。"

说着，王政君便下令将皇帝的亲兵交由王莽指挥，并将兵部的有关领导招至宫内，暂时收管派遣军队的符节。

握紧兵权后，王政君才召集群臣议事。

王莽首先发言："大司马董贤无德无能，靠着与哀帝的不正当关系得以升迁，我建议将其罢免，收缴大司马的印信。"

群臣高声附和。

王政君说："既然大家都这么说，那就这么办。"

于是，董贤瞬间从天上掉到了井里。他自知斗不过王莽，害怕遭受更深重的打击，当天便服毒自杀，追随汉哀帝去了。

董贤一死，大司马的位子就空出来了。王政君请群臣举荐大司马的人选。

其实这事就像秃子头上的虱子，明摆着的。不管论资历、论能力，还是论声望、论靠山，这个位子都非王莽莫属。王政君之所以询问大家的意见，不过是想给人留下一个民主的好印象。

群臣中，大部分人都看透了这场戏。大司徒孔光和大司空彭宣首先表明态度，一致推选王莽。这二位是大司马之外权力最大的官员，他们的话很有分量，地位在这二者之下的大臣们大多随声附和。

不过，也有不识趣的。比如，前将军何武和后将军公孙禄就玩起了互相推荐的游戏。军人就是军人，军事思维发达，政治思维极其简单。这哥儿俩的儿戏，除了留下笑柄外，也为自己的仕途画上了休止符——这是后话了。

就这样，时隔数年，王莽重新坐上了大司马的位子。

局势算是基本稳定下来了，剩下的大事就是选皇帝。最终，八岁的中山王刘衎被选为皇帝，史称汉平帝。他是汉成帝的侄子，汉哀帝的堂兄弟。

为什么要选一个八岁的孩子呢？难道汉成帝的侄子中没有成年人？没错。

汉元帝一共生了仨儿子：汉成帝刘骜、定陶恭王刘康、中山孝王刘兴。其中，汉成帝无后。刘康只有一子刘欣，即汉哀帝。刘兴也只有一子，即汉平帝刘衎。

可怜堂堂大汉朝，皇室人丁竟然如此稀少。从历朝历代的发展规律来看，帝王的子嗣难继之时，也就离这个朝代的灭亡不远了。

由于汉平帝年纪太小，便由王政君替他临朝理政，而具体的政务则全权交给了王莽处理。

一朝天子一朝臣。王莽重掌大权后，做的第一件事就是对付汉哀帝的那些外戚权臣。他大肆罗织罪名，将丁氏、傅氏的亲属以及亲近董贤的臣子们全部罢免，并将他们赶出了长安城，流放到了鸟不拉屎的荒蛮之地。

另外，吸取汉哀帝时的教训，王莽严禁平帝的亲属进入长安，以免形成新的外戚之患，威胁到他的地位。

干完这些事后，王莽环顾四周，闭上眼睛深吸了一口气：嗯，整个世界清静了。

3. 网罗亲信

王莽重新掌权后，获得了来自四面八方的掌声。从城镇的街道胡同到乡下的田间地头，人们奔走相告。

一个人敲着锣大声喊道："好消息，好消息。"

一堆人围上来，问道："你儿子娶媳妇？"

那人激动得满脸通红，一面摇头一面答道："比这还要好上一万倍。我告诉你们，王巨君又当上大司马了。"

众人一听，也激动得满脸赤红，赶紧放下手中的活计，跟在这个敲锣的人身后，放声大喊："天大的好消息啊，王巨君出山了。王巨君一出山，大汉就太平了，我们就有希望了。"

王莽很快便知道了来自民间的喝彩，他微微一笑，甚感欣慰："多好的百姓啊！"

但百姓处于遥远的江湖，远水解不了近渴。近前的高高庙堂才是王莽纵横驰骋的主战场，而他已经离开这个战场整整三年了。

人心纷乱，最容易思变。三年前的旧部，如今在何方？即便还徘徊于眼前，他们还是三年前的他们吗？别看随声附和的人争先恐后，真到紧要关头，谁会以命相酬呢？

所以，当务之急是聚拢可当亲信的人才。

大司徒孔光是个大好人，他不仅有推举之功，而且德高望重，是闻名全国的儒士。他还辅佐过成帝、哀帝、平帝三朝皇帝，属于三朝元老。

这是一个面子和里子都很华丽的人，王莽要拉他做自己的盟友。

孔光的女婿甄邯很有才，但官职比较低，王莽便推举他为侍中兼奉车都尉。甄邯高兴得不得了，对王莽言听计从，成了王莽的嫡系。

甄邯还有一个兄弟甄丰与他同朝为官。俗话说，打仗亲兄弟，上阵父子兵；兄弟同心，其利断金。鉴于此，王莽将甄丰也招致麾下。

王舜与王邑是王莽的堂兄弟，王舜是前大司马王音之子，王邑是成都侯王商之子。这二人的才能虽然无法与王莽相比，但在王家二代中，也算是佼佼者了。另外，王音和王商都曾帮过王莽，王音在当大司马时提拔过王莽，王商更是替王莽讨来了"新都侯"的封号。良好的交情是可以传承的，因此，王舜、王邑与王莽有着天然的亲近感。如此一来，王莽的亲信团队中又多了两员干将。

此外，平晏、刘歆都是才华横溢的儒士，很得王莽欣赏，都被王莽选中。

就这样，王莽组织起了一个得力的团队。团队中分工明确，运行有条不紊。其中，王舜、王邑是心腹中的心腹，为王莽出谋划策；甄丰、甄邯兄弟稍远一层，负责弹劾、审判等司法工作；靠才华得宠的平晏掌管机密的军政大事；与平晏类似的刘歆则负责撰写文告、掌控舆论，干的是宣传工作。

在这个核心团队之外，还有二级、三级亲信，他们负责决策圈之外的执行工作，为王莽鞍前马后地卖命。

作为一个好领导，关键岗位上一定得有自己的人。

这一点，王莽超额完成了。

4. 白鸡非鸡

随着亲信愈积愈多，王莽的权力也越来越大。

大司空彭宣曾有举荐之功，但这人自尊心特强，不愿甘为人下。看着王莽一家独大，他深感痛恨，但自己能力有限，无法与之对抗，只好主动辞职。

在辞职信中，他满怀深情地说："三公（指的是大司马、大司空和大司徒三个职位）就像一只鼎的三只脚，要是有一只脚不能胜任，鼎就会倾覆。我才疏学浅，又加上年老多病，已经无法胜任大司空的职务了。所以，我请求交出大司空和长平侯的印信，告老还乡。"

这封信被交到了王政君的手中。王政君和王莽商议后，批准了彭宣的请求。但为了表彰他之前的贡献，让其保留了长平侯的封号。

彭宣离开后，王莽报告王政君，任命资历较浅的右将军王崇接任大司空一职。

自此，王莽更是没有对手了。

汉平帝元始元年（公元 1 年）春季，云南边境的少数民族向西汉朝廷进贡了一只白毛野鸡。

此事非同小可。

也许有人要问了："这有什么大惊小怪的，不就是一只鸡吗？"

没错，就是一只鸡。但这是一只白毛鸡。

儒家的"天人感应"理论，就像一枚硬币的两面。它告诉众人，如果你让老天生气了，老天就会用日食、地震等异象吓唬你；你若是让老天高兴了，老天也会用降下祥瑞的方式对你表示奖励。

这白毛的野鸡，就是祥瑞的一种。

据记载，当年周公辅佐周成王，把西周治理得普天同乐，就有祥瑞降临，这祥瑞正是一只白毛野鸡。

王莽是儒家学说的坚定守护者，对于周公的典故烂熟于心。所以，当他听到出现了白毛鸡的消息时，他激动得热泪盈眶。

欣喜之后，他急忙向王政君报告了这个喜讯。王政君也乐得手舞足蹈，当即决定用白毛鸡祭祀宗庙。一来向列祖列宗汇报这个喜讯；二来也是昭告天下，让老百姓跟着高兴高兴，顺便增强一下凝聚力。

祭祀刚刚结束，就有大臣向王政君上书了。

奏折中写道："大司马王莽先有拥立新君之功劳，之后，受太后委托全权处理政务，使得天下太平。这份功劳，与昭帝时的大司马霍光相比，有过之而无不及啊。所以，应该按照霍光的标准奖励大司马，增加其封邑三万户。"

王政君接到奏折后，召集群臣询问。她的问题令人忍俊不禁："你们跟我说实话，你们要求我奖励大司马，是因为他真的有功劳呢，还是因为他是我的侄子？"

这真是一个白痴问题。你这么问，群臣们该如何回答呢？

果然，他们迷茫了。

于是，他们决定升级。

又一道奏折被炮制了出来，上面写道："其实大司马王莽的功劳已经远远超过了霍光，只有辅佐周成王的周公可以和他相比。圣明的君王应该做到赏罚分明，臣下有了巨大的功勋，就得授予他与之相衬的奖励。周朝的周公获得了公爵的封号，大司马同样立下了稳定局势、安定国家的莫大功劳，所以应该按照周公的标准，授予王莽安汉公的称号，并增加其封邑，上顺天意，下顺民意。"

大臣们把周公都搬出来了，王政君再也不敢继续问下去了，直接吩咐掌管此事的尚书："就照大家的意思办吧。"

可就在这时，一直沉默不语的王莽发言了。

王莽说："我做的那些事，名义上是我做的，其实多亏了孔光、王舜、甄丰、甄邯等人相助，所以，希望太后奖励一下这四位。至于我那点微不足道的功劳，就算了吧。"

很明显，王莽这是在为手下小弟谋福利呢——老大就得这么当，碰上好事时，你若是只想着自己，那等你碰上坏事时，你的部下肯定也会只想着他们自己。

老大的工作既然做到位了，那小弟也不能没有表示。

于是，甄邯作为小弟代表，再次向王莽表了忠心，他奏禀王政君："对君王来说，不偏不倚是基本的道理。大司马王莽有安邦定国的功劳，不能因为他是太后您的亲属，为了避嫌而不予表彰。"

王政君觉得甄邯说得有道理，就照着这个意思颁了一道诏书，诏书的结尾还强调：你千万不要推辞。

王莽当然得推辞。

关于这点，真不能说他虚伪，作为一项政治策略，这太常见了。有哪个想当皇帝的准皇帝，不是在臣下们三番五次地恳求下才勉强坐上皇位的？连《水浒传》里最忠义无二的晁盖，也是在与林冲谦让了一番后，才坐上梁山的头把交椅的。至于后来的宋江，更是上演了坚辞不就却不得不就的好戏。

——对于王莽的推辞，王政君的对策是再下诏书。

而王莽的对策是再次推辞，王政君只好继续……

如此你来我往，姑侄俩大战了五六个回合后，王莽虚晃一枪，改变了战术：他称起病来。

说到称病，这也是政治对决中常见的一招撒手锏。当年，司马懿称病一年半，结果出其不意，发动"高平陵事变"，干掉了老对手曹爽，独掌大权。袁世凯称病三年，结果将整个清廷掌控于股掌之中。

王莽一称病，王政君就没辙了。

大臣们只好说："看来伟大的大司马是真的不想接受奖励啊，那就按照他的意见，先赏赐孔光等四人吧。"

王政君叹了一口气："好吧。"

这年二月，王政君下诏："加封太傅、博山侯孔光为太师，任命车骑将军、安阳侯王舜为太保，两人都增加封邑一万户。左将军、光禄勋甄丰升为少傅，封广阳侯。侍中、奉车都尉甄邯加封承阳侯。"

诏书下达后，大家一片欢喜。

王政君却乐不起来，因为王莽还在称病。

她问计于群臣："你们说，这是为什么呢？"

群臣实话实说："虽然大司马极尽谦虚之意，但还是应该奖励他。不然，百姓会失望的。"

王政君彻底迷糊了："你们不是说他坚决不要吗？"

对于王政君的智商，大臣们都在心中无奈地摇了摇头，但他们不能实话实说：大司马是想让你先封赏他的小弟，再封赏他。

如果真有人这么告诉王政君，那她又会问："先后次序，有这么重要吗？"

当然重要，这叫先天下之忧而忧，后天下之乐而乐，这叫宠辱不惊、先人后己、大公无私。总之，这是一种境界，代表了对于手下兄弟的义气。

王政君满心疑惑地下了诏书："任命大司马王莽为太傅，加封其为安汉公，封邑两万八千户。"

王莽终于决定出山了。他的理由很简单：虽然身体并未痊愈，但必须抱病上班了，不然，太后还会给我更多的赏赐。

就这样，王莽在大家殷切的目光中，接受了诏书。

但他的接受有所保留，他只接受"太傅"和"安汉公"这两个代表名誉的虚号，不肯接受那两万八千户的封邑——这可是实实在在的好处啊。其理由是：现在全国还有很多百姓没有过上幸福生活，等他们都幸福了，我再接受这封赏。

百姓闻听此言，感动得忘乎所以，直把王莽当再生父母。

不过，此时的王政君似乎悟到了一个门路：你越谦虚，我就越给你加码，一直加到你不好意思为止。

于是，她再次下诏："我知道你心怀百姓，希望他们都能过上好日子，我尊重你的希望，但给予你的俸禄和赏赐，我要改成双份。"

王莽又将目光转移到帝国的角落，终于，在暗角里，他发现了刘姓皇族成员。

由于外戚势大，加上皇帝本身不争气（比如生不出儿子等），刘姓皇族的势力被大大削弱了，他们甚至被边缘化了，成了可怜的末世贵族。

末世贵族也是贵族，在一部分百姓中拥有很高的威望。

王莽决定给这些人发点福利。

他向王政君进言，希望她将对自己的封赏分散给刘姓皇族。对此，王政君言听计从，颁下诏令："封刘云的儿子刘开明为东平王；封已故思王刘宇的孙子刘成都为中山王，作为中山王刘兴的后裔（刘兴独生子刘衎已当皇帝）；封刘询八世孙刘信等三十六人为侯爵。"

刘氏皇族一片欢腾。

王政君慈悲成瘾，接着下诏："亲王、公爵、侯爵、关内侯，没有嫡长子，却有庶子生的孙辈，或有同母兄弟的儿子，都可以继承爵位（按照西汉王朝制度，如果没有嫡长子，就是'无子'，'无子'则封号撤除）。近亲皇族，因为犯罪而被剔除家谱的，都恢复原来记载。"

除此之外，对于全国百姓，以及鳏夫寡妇，也有相应的福利政策。

涉及面之广，受惠人数之多，力度之大，都可谓空前绝后。

整个帝国沸腾了。

尽管所有的诏书都是王政君下达的，但大家知道，若是没有王莽的建议，王政君是不会下达这些诏令的。

越过前台的王政君，他们准确地圈定了自己真正的恩人——王莽。

5. 权力与刀锋

经过这次全国福利大升级，王莽的声望再次刷新高度。

而在朝野之上，除了王政君，他也早就是权力最大的那个人。

尽管王政君几乎事事都对王莽言听计从，但王莽凡事仍需向她汇报，获得批准后才能实行。

这个请示的过程，虽然近似于走过场，但却不得不走。

实在令人不爽。

如果王政君是个有思想、有见地的人，那么这个过场走走也就罢了，也许她能给王莽以启发，让事情办得更圆满。但王政君实在平庸至极，根本不可能比王莽更加高明。这样一来，走过场就等同于浪费时间，除了降低效率外，没有第二个作用。

能者多劳，效率至上。王莽需要更大的权力做更多的事，以实现自己的施政理想；而他若想获得更大的权力，只能从王政君手里抢。

站在王政君的立场来说，她巴不得王莽少拿那些国家大事来烦她。一者，她向来不是权力欲强烈的女人，权力于她，不是快感，而是责任。责任总是令人沉重。二者，她的年龄确实太大了，大脑僵化，老眼昏花，身体状况也不是太好。与其劳心费力，还不如安享晚年。三者，王莽是她百分之百信任的人。

一个想取，一个想予。周瑜打黄盖，简直是绝佳拍档。

在这个节骨眼儿上，有大臣雪中送炭，准确及时地向王政君上了一份奏折。

史书中没有记载此人是谁，但应该是王莽手下的小兄弟吧？

奏折中写道："过去的地方官员，都是靠着实实在在的功劳一步步晋升的，所以比较靠谱。现在许多地方官员，是直接从底层被推荐上来的，其能力根本无法胜任本职工作。所以，为了提高干部队伍的整体素质，增强政府职能，这些官员必须经过考核，以决定其去留。而太后您年事已高，应该以身体为重，不应该再为这些俗务琐事操劳。考核他们的工作，交给安汉公来做就可以了。"

王政君接到奏折后，简直心花怒放。她很快就按照奏折的意思，发布了诏书："皇帝年幼，老太太我不得不代他执掌朝政（语气中满含着不情不愿）。可我年事已高，精力啊、体力啊，都不行了，实在没心情处理那些琐碎的政务（其实主要是没兴趣和没能耐）。再说，我现在的主要任务就是保养身体和培养皇帝，要多活几年，为大汉朝发挥余热（还真好意思说）。我听说，有些新上任的地方官不称职，那就辛苦安汉公考核一下他们吧，能用的就留着，不能用的，就哪儿凉快哪儿待着去（权力被轻而易举地下放了）。以后啊，除了封爵这样的大事，就不必事无巨细地禀告我了（如此一来，基本上亲手把自己架空了）。"

诏书一下，标志着王政君手中的干部任免权正式移交到了王莽手中。

得干部者得天下，这件事的意义非同小可。

对此，历史学家柏杨的评价一针见血：

> 这是一个大的转折点，从此，大小干部的任免权，不动声色地滑入王莽手中。一旦掌握官员的任命大权，便等于掌握政府。

从此，大小官员都得定期拜见王莽，接受他的考核。而王莽在接见他们时，并不摆出一副高高在上的样子，而是谦恭真诚，与他们促膝而谈，大施恩德，谈得高兴了，还馈赠礼物。这让官员们受宠若惊，古今都是下级孝敬上级，如今居然反过来了。一个个原本心怀忐忑的官员，最终都心满意足地走出王府的大门，心中感叹不已：王老大，真是个好老大啊。

当然，这种待遇是为那些跟王莽对上眼的哥们儿准备的，至于那些不认他当老大的，那就只能哪儿凉快哪儿待着去了。

《汉书》中记载：

  ……权与人主侔矣。

意思是说，王莽的权力几乎与皇帝等同了。

按说，王莽都这么牛了，朝中肯定是铁板一块，没人敢对他提出异议了吧？

答案是：不。

任何时候都不乏独立思考的清醒者，他们卓尔不群，胸襟坦荡，敢于对任何人说不。

汉平帝元始二年（公元 2 年），有人发现长江中有黄龙在游泳。

至于黄龙到底是个什么物种，我们不得而知，但这无疑又是个大大的祥瑞。

喜讯很快被报至朝廷。群臣们几乎一致认为，这是老天再一次对王莽提出表扬。都表扬了这么多次了，王莽的功德已经赶上，并随时可能超越周公了。这是天大的喜事，应该祭告刘氏列祖列宗。

大家七嘴八舌，讨论得热火朝天，所有声音都汇成一个主题：赞美王莽，玩命地赞美王莽。

这时候，有人看不下去了。这个人，就是大司农孙宝。

从常识和逻辑出发，孙宝斟字酌句地提出异议："即便像周公那样的圣人，当时也有人反对他，而这并不损害他的伟大。如今，天下并没有风调雨顺，百姓也并不是全都过上了富足的生活。可每逢遇上大事小情，满朝文武的口径却完全一致，仿佛这些话都是从一个人的嘴里说出来的。请问，这是不是有点不太正常啊？"

此话一出，原本情绪高涨的满朝文武立即收声，脸色突变，目光中布满了恐惧。

气氛顿时急转直下，冷场了。

见场面如此尴尬，王莽的心腹——光禄勋甄邯急中生智："我刚刚接到圣旨，停止讨论此事，待日后再议。"

官员们长长地出了一口气。

而孙宝依然眉头紧皱地站在那里。

这事过去没多久，孙宝就遭到了大臣弹劾，罪名是：对父母不孝。

孙宝在悲愤交加中被罢官，回家孝顺父母去了。

权力如刀锋，王莽双手紧握。

此时的王莽只需要战术的执行者，而不是战略的异议者。一切不光滑的突起与毛刺，都会被他用刀毫不留情地斩掉。

第五章　攫取权力

1. 慈善事业

王莽的权力越来越大，可他的心情却无法灿烂，因为老天不合时宜地给他添了个堵：元始二年（公元 2 年），一场突如其来的旱灾席卷了西汉的大部分国土，一时间，天下无粮，饿殍遍野。

王莽有点蒙，他收起因权力扩张带来的满面春风，仰天长问："您老这是干吗呀？以前不是总表扬我吗？这次是怎么了？我做错了什么？"

福无双至，祸不单行，旱灾之后又发生了蝗灾。蝗虫遮天蔽日，所过之处，寸草不留。从干枯的庄稼到半死不活的树木，甚至门框、窗棂，全都没放过。

各地报告灾情的奏折接踵而至，王莽心急如焚，积极部署各郡县全力赈灾。

但国库里的钱粮屈指可数，而且一个萝卜一个坑，若把它们都给了灾民，那皇帝吃什么？政府官员吃什么？

情况就是这么个情况，赤裸裸的现实摆在王莽面前，他若想要最大限度地救济灾民，必须另辟蹊径。

好在王莽够聪明，他突然意识到：地主家肯定有余粮啊。

于是，除了朝廷的常规举措，王莽决定发动民间的力量，进行慈善募捐。

王莽首先带头捐钱一百万、捐田三十顷，并让大司农负责这些善款的流向。

之后，他便静候反响了，可是几个时辰过去了，竟然没人响应。

"一帮没良心的守财奴。"王莽在心中骂道。

这样干等下去不是办法，他决定用点手段。

王莽首先找三公九卿谈话："最近的反腐败工作是不是又得好好抓一抓了？"

公卿们不知所以，不敢接话，惊惧之情已经写在脸上。

王莽扫视四周，继续说道："这件事可以暂时放一放，当务之急是赈灾。可国库没有余粮，这不，我刚捐了点。"

公卿们面面相觑。

"散会吧。"王莽起身送客。

半个时辰后，大司农前来汇报：到目前为止，共有两百三十名大臣捐出钱物，捐款总额……

王莽微微一笑。

民间那些财主们一看，当官的都捐了，自己也不能一毛不拔啊，于是相继捐出财物。

慈善事业就这样轰轰烈烈地搞起来了。钱物不断汇聚到大司农手里，王莽亲自监督，保证每一分钱都用在灾民身上。

针对灾民涌入长安城的棘手状况，王莽不但没有愚蠢地驱逐灾民，也没有颁布貌似聪明的限制措施，而是来者不拒，完全尊重灾民进入长安的意愿。不仅如此，他还建了两百多所平民住宅，供灾民们居住。这大概算是最早的经济适用房和廉租房了。

这还不算，王莽还带领大臣们向王政君上书，请求她降低衣着和三餐的标准，以示体恤民情。

王政君欣然答应。

王莽则坚持不吃肉，以表达自己与民共苦的决心。

在大家的共同努力下，西汉帝国总算平安度过了这次天灾。值得大书特书的是，即使在极力抹黑王莽的史书上，也没有关于此次旱灾饿死人数的记载，可见救灾之成功。

王莽从此也养成了一个习惯，只要碰上国家发生了大灾小难，他都要吃素一段时间。

2. 嫁女

王政君已经很老了，而且会越来越老，即便宫廷的营养和医疗条件优越，也无法保证她一直健在。若是她突然去世，那么王氏家族将失去与皇室相连接的唯一纽带，王莽的外戚身份也将迅速贬值，成为过去式。

——千万不要小看"外戚"这个身份，从某种意义上说，它是专权的一件合法外衣。

另一方面，汉平帝一天天地长大了，于公于私，他都需要拥有自己的女人，继而拥有自己的皇后。然后，由新皇后延伸出新一代外戚，接管前外戚手中的大权。这是西汉王朝的铁律。

怎么办？

将这两件事联系在一起，王莽轻而易举地找到了解决办法——把自己的女儿嫁给汉平帝。

但想出办法只是万里长征的第一步，后面紧跟着的是如何实施，以及具体实施过程中千头万绪的细节。就像多米诺骨牌，任何一个环节有瑕疵，都有可能导致事情无法圆满，甚至满盘皆输。

如果说做成一件事需要具备一百个条件，那么即便具备了九十九个条件也无法成功，而失败只需一个条件就够了。这就是很多事情"看起来容易做起来难"的原因。

嫁女儿，尤其是将女儿嫁给皇帝，就是这样一件看起来容易做起来难的事情。

要说简单，也简单。凭王莽的地位，想要强行把自己的女儿嫁给汉平帝，易如反掌。但这显然不符合王莽的风格——他向来不做霸王硬上弓的事情，任何事都要酝酿到瓜熟蒂落才肯出手，一出手即命中目标。

王莽要的是经过合理合法的程序，在大家真心实意的祝福下，水到渠成地把女儿嫁给汉平帝——难就难在这里。

程序问题是个大问题。

王莽首先要淡化一点——他要嫁闺女，然后将它转化成——汉平帝要娶媳妇。

千万别小看这个变化。在不同情境中，"把"和"被"有云泥之别。

想清楚后，王莽便上书王政君道："汉平帝渐渐大了，得把找女人的事提上日程了。前几任皇帝的子嗣都不算兴旺，由此衍生了很多问题，更说明了为汉平帝找女人的重要性。"

王政君一看，王莽说得在情在理，没有阻挠的道理。而且，以她的智商，根本不可能猜到王莽在其中预设的埋伏。即便王莽告诉了她内心真实的想法，相信她也会答应的。一来，老人家都有盼孙子、盼重孙的心理；二来，这也是为了老王家千秋万代考虑。

老大已经拍板了，接下来就是按规矩办事了。朝廷有专门的官员负责此事，他们对整个流程门儿清。

首先是海选。

这个阶段不看长相，也不论品德，就比出身。

王莽一看海选名单，数量可观啊，仅出身于王氏家族的，就足够配置好几座后宫了。他费了半天工夫，才在一个不显眼的位置找到女儿的名字。

王莽皱了皱眉头，这显然不行啊，女儿被挤掉的可能性太大了。

想到这儿，王莽又给王政君上了一道奏折："我的女儿长相不俊美，无花容月貌，仅仅比西施飞燕好看那么一点点。我的女儿性格也不够好，除了温柔贤惠聪明体贴，竟然找不到别的优点。所以，就不要把她列入候选名单了。"

王政君依然按照王莽的意思下诏了："大司马的女儿是我的娘家人，就不要列入名册了。同理，把所有王氏家族的姑娘都从名单中划掉。"

如此一来，名单上立即空出一大片。

不过，王莽需要的不是这一大片空白，他需要的是让女儿的名字独享这一大片空白。

他在耐心等待。

很快，这个消息被公之于众。

一听说王莽的女儿被排除在候选者之外，百姓立即不答应了："王太傅德高望重，想必他的女儿也是才貌双全，为什么要把她排除在外？我们不答应。"

王莽见状，派人去安抚。但没用，人家说了："就是不答应。"

王政君见状，也派人去安抚，但也没用，人家说了："就是不答应。"

王政君没辙，只好宣布收回成命，并重新下令道："允许王莽的女儿入选。"

可百姓还是不满意。

王政君有点不解，她再次派使者前去安抚，使者拿出新的诏书，宣布道："太后已经答应你们的请求了。"

可百姓答曰："还是不答应。"

使者急了："那到底要怎么做，你们才能答应呢？"

百姓答曰："直接让王太傅的女儿当皇后。"

使者无奈，只好一边暗骂，一边向王政君汇报。

王政君也没辙，只好召集大臣商讨。

王莽首先提出异议："千万不可，万万不可，坚决不可。"

可群臣都说："民意如此，不可违，就这么定了吧。"

大家都这么说，而且一再坚持，王莽只好面露难色地说："那好吧，请有关部门去审查我的女儿，若有半点不合格，必须收回成命。"

审查的结果十分理想，接近满分。

王莽一跃成了准国丈。

听到这个大喜讯，聚集在宫门口的百姓终于欢呼雀跃地散去了，就像他们自己的闺女当了皇后似的。

3. 吕宽事件

操作完嫁女儿的事宜，王莽觉得心情舒畅、壮志填胸。

就当前来说，王政君已进入半退休状态，皇权毫无意外地集中到了王莽手中。

就未来而言，王莽已成功将女儿嫁给了汉平帝，并且其将成为母仪天下的皇后，王莽的外戚身份将得以强化。

但是老子曾说过："祸兮福之所倚，福兮祸之所伏。"就在王莽处于事业上升期的时候，他的长子王宇又出来给他添乱了。

为了避免重蹈哀帝时大权旁落的覆辙，早在汉平帝即位之初，王莽就跟王政君商量，将平帝的亲生母亲卫姬及其母族留在封地，严禁他们进入长安，以防形成新的外戚势力。

但平帝即位时只是个八九岁的孩子，突然与母亲分离，感情上很难接受，时有哭闹。卫姬也是思子心切，整日以泪洗面。

此情此景，很容易触碰到人类心脏中最柔软的部分。但不管平帝母子如何上演苦情戏，王莽依旧岿然不动，坚决贯彻执行之前的既定方针。

王莽的这一冷血做法，让某些内心柔软之士颇有微词，他的长子王宇也是其中一员。

据史书记载，王宇的微词并不仅仅因他内心的柔软，还来自他内心的怯懦：他害怕有朝一日平帝掌权，会收拾王莽，然后殃及他。

未雨绸缪，王宇积极与卫氏家族的人结交。比如，平帝的舅舅卫宝就是王宇的铁哥们儿。

仅仅结交还不够，王宇的终极理想是把卫氏家族的人接到长安来，并说服王莽将大权移交给卫氏家族。

——这真是一个令人费解的理想。

为了达到目的，王宇不断地与卫宝有书信往来，并建议卫姬上书攻击哀帝时的专权外戚——丁氏和傅氏，以表忠心，从而换取前往长安的机会。

卫姬照办了。

收到上书的王莽鼓掌表示欢迎，但他仅仅给予了卫姬一点物质上的赏赐，并没有下文。

一计不成，王宇决定不玩迂回战术了，他向卫姬建议道："别拐弯抹角了，你就直接上书要求来长安探望儿子吧，我看我爹未必不答应。"

王莽当然不会答应。他要是答应了，那他就不是王莽，而是王政君了。

作为一个成熟的政治家，王莽深知"开弓没有回头箭"是政治游戏的第一铁律，优柔寡断者，非死即伤。

面对王莽的冷酷回绝，王宇与卫姬继续失望，但并没有因此死心。

想不出新办法的王宇决定向自己的老师吴章请教。

听完王宇的陈述，吴章摇头晃脑地答道："不得不说，这个比较难。"

王宇在心中暗骂，口上却说："不管怎么样，请老师想想办法。"

大约一炷香的工夫后，吴章顿悟般向王宇发问："你家老爷子是不是特别迷信啊？"

王宇痛快答曰："迷信，迷信得很。"

吴章两眼放光："只要他有癖好，那就好办。"他让王宇附耳过去，小声地交代了一番。

王宇拊掌大笑："先生好计，好计啊先生。"

回去后，王宇找来自己的大舅子吕宽，并命他弄一罐鲜血回来。

面对王宇的命令，吕宽有点蒙，他小心翼翼地问："是……是弄人血吗？"

王宇瞪了他一眼，责骂道："我要人血干吗？"

吕宽理直气壮："我以为你要做人血馒头啊。"

王宇懒得跟他废话，开门见山道："猪血鸭血随便什么血都行。"

吕宽如梦初醒，大步往外迈，一边走一边嘟囔："哦，原来是想做血豆腐，你倒是早说啊。"

不一会儿，吕宽就弄来一大罐鸭血。

王宇首先明确地告诉吕宽这不是用来做血豆腐的，然后又神秘兮兮地对他说："你不必多问，只需在今晚半夜三更夜深人静之时，把这些血泼在我爹府邸的大门上。"

吕宽还是没忍住："为什么啊？"

王宇答道："说了你也不懂。你只要注意两点，一是不能让人发现，二是不能留下蛛丝马迹。"

吕宽在满腹疑虑下接受了这个光荣的任务。

——没错，这就是吴章的计策。他让王宇派人将鲜血泼在王莽家的大门上，然后冒充是上天生气的示警，而上天生气的原因是王莽让平帝母子分离，他们再借此进行规劝……

计策倒不失为一条好计，但在执行的过程中，被活生生地搞成了行为艺术。

吕宽一直不明白为何要往王莽家的大门上泼血，他从接受任务的那一刻起就在想原因，可一直想到三更来临也没想清楚。

时间一到，他就带着疑惑悄悄来到王莽家的大门前，趁门卫打盹儿的空当，哗啦一下把整罐鸭血朝大门泼去。

泼完之后，吕宽端详了一番，发现泼得并不均匀——左边那扇门上的血多一些，右边那扇门上的血则少一些。他是个完美主义者，容不得半点瑕疵。于是，他放下陶罐，用右手将一扇门上的血抹到另一扇门上。

他做得小心翼翼，门卫继续鼾声不断。

不一会儿，他终于完成了。

看着自己的杰作，吕宽心满意足。他刚要拎起陶罐遁去，却发现自己的右手上沾满鸭血，十分腌臜，他想找个地方蹭一蹭。

对于一个完美主义者来说，往自己身上蹭是不可能的，而往墙上蹭又容易擦破皮，或者留下指纹。

怎么办呢？吕宽的目光落到了门卫身上。

他放下陶罐，蹑手蹑脚地来到一名门卫面前。刚要往他身上蹭，却发现门卫最外面穿的是铠甲，铠甲比较硬。于是，吕宽越过铠甲，把手从领口伸进了门卫的内衣里，然后轻轻地蹭起来。

门卫突然一个激灵，半梦话半真话地喊道："谁在摸我？谁在摸我？"

他这一叫，把其他门卫都叫醒了，他们不解地望着吕宽。

吕宽当即把手收回，申辩道："我没摸你，我只是擦擦手。"说着，还显摆似的朝众人扬了扬沾满鲜血的手掌。

众门卫大骇："血！"

就这样，吕宽被捕了。

4. 趁机铲除异己

吕宽被捕后，连小刑都没用上，就直接供出了泼血事件的幕后主使——王宇。

大概在吕宽心中，这根本就不是什么了不起的大事，最多是破坏公物或者污染环境。

其他人当然不会这么白痴，所以当吕宽说出王宇的名字时，负责审讯的官员大吃一惊。吃惊之余，他警告吕宽："不要信口开河，小心人家告你诽谤。"

吕宽则指天发誓："谁信口开河谁是小狗。"

既然吕宽发了如此骇人听闻的毒誓，那就不由得审讯官不相信了。

但这个问题比较棘手。若供出的是别人，审讯官大可以直接派人将嫌犯抓来。可这人是王莽的儿子啊，谁敢轻举妄动？

审讯官连忙一路小跑地来到王莽面前，擦着额头上的细汗，小心翼翼地把吕宽的供词复述了一遍。

王莽吃惊不已，他万万没想到自己的亲生儿子竟然摆了自己一道——尽管此时他还不明白事情的前因后果。

见王莽迟迟没有指示，审讯官提醒道："大司马，您看这事怎么办？"

王莽轻轻吐出一个字："捕。"

审讯官得令而去。

王宇被捕后，倒也痛快，将事情的前因后果交代得清清楚楚。

一旁的吕宽如梦初醒："哦，原来如此。"

供词交到王莽手上后，他粗略地看了一眼，然后仰天长叹，继而恢复了冷峻和严肃，下令道："王子犯法，与庶民同罪，将王宇、吴章、吕宽全部捉拿入狱。"

三人下狱后不久，王莽亲自来到王宇的牢房，跟自己的儿子聊了不到一袋烟的工夫，之后满面悲戚地离去。

第二天一大早，就传来了王宇服毒自杀的消息。

——屈指算来，这已是被王莽逼死的第二个儿子了。

死掉儿子的王莽，想必也是悲伤的吧？

悲伤的结果是，杀心大起。

在王莽眼中，王宇的老师吴章就是个彻头彻尾的大坏蛋，身为师长，他不但不劝说王宇悬崖勒马，反而替他出谋划策，简直罪大恶极，必须处以极刑。

从刑罚的惨烈程度，可以看出王莽对吴章的恨有多深：吴章先是被腰斩，然后又被五马分尸。

干掉吴章后，王莽又将视线转移到卫氏家族身上。

王莽对卫氏家族的恨不在对吴章之下，因为卫氏家族可谓此次事变的罪魁祸首。

他眼神凌厉地下令，将卫氏家族满门抄斩，仅留下汉平帝的母亲卫姬一人。

至此，除了吕宽，涉事人员都为此付出了生命。

王莽杀完人之后，右将军甄邯立即上书王政君，称赞王莽铁面无私，大义灭亲。王政君对此也颇为赞许，下诏表扬了其一番。在诏书中，王政君把王莽与周公相提并论，因为周公也曾对自己谋反的弟弟管叔、蔡叔下过毒手。

表扬已经无法让王莽兴奋，他在谋划着一件真正让他兴奋的事情。

吕宽还活着。

他之所以还活着，并不是因为他不该死，而是因为他暂时不能死。

王莽决定以吕宽为切入口，把朝野上下的反对派全部清洗干净，他们的罪名统统是：吕宽的党羽。

当初，王莽给吕宽定的罪名是谋反，那他的党羽的罪名当然也是谋反了。谋反之罪，罪无可赦。王莽想杀谁，只要在吕宽的供词中添上他的名字即可。

王莽从上层开始清算，一些平日里阻碍过他的大人物首先迎来了自己的厄运，这些人包括汉元帝的妹妹敬武长公主、梁王刘立、王莽的叔叔红阳侯王立、王莽的堂弟平阿侯王仁。

他们要么位高，要么权重，直接推上断头台的话，有点说不过去。好在，王莽向来具有劝说别人自杀的本领，他的两个儿子就是死在他的这一本领之下。

所以，这几人在王莽的循循善诱下，全都识趣地自杀了。

之后，清算的范围扩大到中下层。王莽授意甄丰派出人马前往各地，诛杀卫氏家族的党羽。说是卫氏家族的党羽，其实就是反对王莽的人。

一时间，血雨腥风，人头滚滚，包括前任前将军何武、乐昌侯王安等在内的数百名文武官员，全都死在了王莽的屠刀之下。

这次大清洗，全面而彻底。

武力清洗完毕，宣传工作得跟上。

鉴于亲生儿子犯罪的惨痛经历，王莽接连写出了八篇含泪啼血的文章，用以告诫子孙，要谦恭孝顺、老实本分。这八篇文章被下发到各地，与儒家的经典著作《孝经》一起，成为训诫孺子的优质教材。并且朝廷规定，凡是能背诵这八篇文章的官员，将被记入档案，当作升迁的重要依据之一。

——而那位倒霉的吕宽，在被榨干了最后一毫克的利用价值后，获得了与吴章同样的待遇：腰斩加五马分尸。

第六章　步步紧逼

1.茴香豆的"茴"字有几种写法

元始四年（公元4年）二月七日，是汉平帝大婚的日子。

这天，王政君命大司徒马宫和大司空甄丰亲领威风凛凛的御用车轿和仪仗队，前往王莽的府邸迎亲，并当场献上皇后印。

王莽升级为国丈，其外戚身份更上一层楼。不过，对于这个让无数人艳羡的新身份，王莽心里到底有几分在乎，大概只有他自己知道。想必自他决心将整个卫氏家族灭门，他对自己未来的身份就有所打算了吧？

正所谓，此一时，彼一时。原本只想要个苹果，最后必须抱回个西瓜。在时势的驱赶下，人有时根本没有选择的权利。

新的舞台已经搭建好，各色人等争着抢着粉墨登场。

平帝大婚后没多久，王莽的心腹——太保王舜便率领八千多名臣民上书，要求重赏王莽。

这封签着八千多个名字、按着八千多枚手印的奏疏被送到了主管封赏的部门，部门领导召集手下连夜开会，研究出了一套封赏方案上报给王政君，请她定夺。

方案主要有以下几条：

一、扩大王莽封地的地盘，将召陵（今河南省郾城县东）、新息（今河南省息县）、黄邮聚（今河南省新野县东北）、新野（河南省新野县）四地加封给王莽。

二、将商朝名臣伊尹和周公姬旦的称号（伊尹称阿衡，姬旦称冢宰）合二为一，创造出新的称号——宰衡，赐给王莽，位列三公之上，以示王莽的功绩与伊尹和姬旦不相上下。

三、加封王莽的亲人，封其母亲为功显君，封其儿子王安为褒新侯、王临为赏都侯。

四、追加皇后聘礼三千七百万钱，与之前的聘礼凑成一万万钱。

奏疏中还明确要求，由王政君亲自到金銮殿发布诏书，王莽带着儿子们当场接旨叩谢。

对于这份大礼，王莽一如既往地选择辞让，他上了一份措辞诚恳的奏折，表示仅接受母亲的封号，其他的一概不要。

但以太师孔光为首的众臣坚决不答应，他们义正词严地说："再大的奖赏，都无法与安汉公的功劳匹配。安汉公一向谦恭辞让，这次坚决不能听他的。"

见群臣讨论得热火朝天，王政君傻呵呵地说："对，就得这么办。"

事已至此，王莽要是再推辞，那就是"寒了弟兄们的心了"。但他依然没有照单全收，而是拒绝了召陵、黄邮聚、新野三地的封地。

王莽的温良谦恭，感动了天下百姓。

据太保王舜奏称："百姓听说安汉公拒绝封赏的事迹后，感动得热泪盈眶。蜀郡有个哥们儿，因为经济纠纷跟人打官司，听说了安汉公的事后，惭愧得当即抽自己耳刮子，迅速销了案。由此可见，安汉公的教化作用之强。宣传部门应该加大对安汉公的宣传力度，在全国范围内掀起向安汉公学习的热潮。"

王政君再次傻呵呵地说："准了。"

王舜的目光聚焦到普通百姓身上，王莽比他毒辣，他盯着的是散落在各地的知识分子。

王莽先是奏请朝廷建立辟雍，即国立大学，级别相当于近代的京师大学堂，或者当代的清华、北大。然后大兴土木，建了一万多栋宿舍。准备工作完成后，王莽在全国范围内发布求贤令：只要精通六经（即儒家的六部经典，包括《诗经》《尚书》《仪礼》《乐经》《周易》《春秋》）中的一经，而又收徒十一人之上者，或者是藏有散落不全的《礼经》等古书，天文、图谶、音乐、历法、兵法、周王朝中期用大篆古文写的史书的人，或者是没有藏书但能了解其中意义的人，均可乘坐专车前来长安报到，当大教授，住大房子，吃大肉，喝大酒。

如此一来，全天下稍微有点名气的儒家学者，都被王莽召集到了长安。

之后，王莽又扩大了选人范围，只要在某方面拥有异于常人的才干，都可以到长安来找他，他会给来人安排工作，请来人喝酒吃肉。

当然，这些人的工作不仅仅是喝酒吃肉，他们还得把自己知道的东西写下来，然后由王莽组织他们开会。大家通过热烈讨论，批评以及自我批评，达到认识上的统一。

打个比方，某个儒家大师知道茴香豆的"茴"字有四种写法，他把这四种写法写了出来，然后大家讨论，最终商定茴香豆的"茴"字只有一种正确的写法。

2. 加封"九锡"

这边，王莽正忙活着跟知识分子讨论茴香豆之"茴"字的写法；那边，一干大臣又把新的奏折送到了王政君手中。

奏折的内容依然是请求朝廷封赏王莽。

奏折中写道："当初周公摄政，用了七年才稳住局势，把国家搞得像模像样。而伟大的安汉公仅辅政四年，就把大汉朝治理得井井有条、和谐稳定，他简直比周公还伟大。所以，我们请求把不久前授予他的新称号——宰衡的地位提高到侯爵亲王之上（也就是说，让王莽的地位仅仅处于王政君和汉成帝之下，并且用诏书的形式让这个地位合法化）。同时，赏赐他与之匹配的'九锡'。"

王政君数十年如一日地答曰："就这么办。"同时下令相关部门研究制定具体方案。

"九锡"其实就是"九赐",是指皇帝赏给大臣的九种器物。当然,获得赏赐的前提是这位大臣立了盖世奇功。所以,尽管《礼记》中就有关于"九锡"的记载,但在王莽之前,还没人得到过此殊荣。

据《礼记》记载,这九种器物分别是:

一曰车马。车是金车大辂和兵车戎辂;马是玄牡二驷,即黑马八匹。

二曰衣服。指衮冕之服,加上配套的赤舄一双。

三曰乐县。指定音、校音器具。

四曰朱户。也就是红漆大门。

五曰纳陛。关于"纳陛"有两种说法,一是登殿时特凿的台阶,使登升者不露身,如同今天的 VIP 专用通道;二是阶高较矮的木阶梯,使登阶别太陡。

六曰虎贲。也就是守门的军士,配额为三百人。

七曰弓矢。彤弓矢百,玄弓矢千,指特制的红、黑色专用弓箭。

八曰斧钺。

九曰秬鬯。指祭祀时用的特供香酒,以稀有的黑黍和郁金草酿制而成。

——自这封奏折上报,至元始五年(公元 5 年),先后有四十八万七千七百七十二人加入到请封的队伍,几乎囊括了西汉帝国的所有阶层。

民意汹涌啊!相关部门只好加快步伐,终于赶在第四十八万七千七百七十三人上书前拿出了具体方案。

王莽听说后，再次不厌其烦地表示了诚惶诚恐和拒绝，王政君和大臣们也不厌其烦地再次拒绝了王莽的拒绝。

这年的五月庚寅日，王政君亲自到大殿宣读了加封王莽的诏书。在类似于授奖词的发言中，王政君先是回顾了历史，肯定了王莽之前的巨大贡献；之后分析了现在，证明了王莽的不可或缺；又展望了一会儿未来，希望王莽带领大汉朝继往开来、再创辉煌；最后，在雷鸣般的掌声中，王莽跪地接受了封赏。

其实，"九锡"并不是什么尊贵的物品，尊贵的是其象征意义。它代表着一种介于君臣之间的微妙地位，并且是完全合法的。

王莽是历史上获得"九锡"封赏的第一人，在他之后，获此殊荣的有曹操、司马懿、司马昭、杨坚、李渊等改朝换代的大佬。

所以，著名历史学家柏杨先生评论道：

用和平手段转移政权时，只要迈过"九锡"这一关，就大局已定。……王莽之后，强梁高官要篡夺政权时，总要先玩这套把戏，叫那位即将被诛杀或即将被罢黜的倒霉皇帝，先加给自己"九锡"。所以在"九锡"出现之日，也就是旧王朝结束，新王朝登场之时！

此言无误，但"篡夺"二字似乎略带幽怨。

天下本是天下人的天下，"能者居之"，天经地义。汉平帝的老祖宗刘邦，不是也抢了人家秦二世的天下吗？

3. 秋后算账

当初，汉哀帝死后，重掌大权的王莽曾经清洗过哀帝的势力。但受当时的某些条件所限，一些棘手的问题不得不搁置。

比如，汉哀帝的母亲丁姬和奶奶傅太后的封号问题。按照礼法，尽管他们的儿子（孙子）当了皇帝，但那皇位是以过继的方式继承的。也就是说，哀帝自即位起，就是大伯汉成帝刘骜的儿子了，不再是定陶恭王刘康的儿子，也就不是丁姬的儿子、傅太后的孙子了。但哀帝不顾礼法，毅然封刘康为"共皇"，封丁姬为"皇太后"，封傅太后为"皇太太后"，与正牌太皇太后王政君平起平坐。

王莽曾上书反对，却遭到宵小围攻，最后落了个辞官隐居的下场。

哀帝死后，王莽本想把这些问题一并解决。但一则自己的脚跟尚未站稳，二则怕引起刘氏皇族的反感，所以按下不表，以待时机成熟。

如今，王莽已获得全天下臣民的一致拥戴，地位显赫而合法。他想做什么事，基本没人能拦得住他。

既然时机已经成熟，王莽便上书王政君，称："定陶恭王刘康的母亲傅太后、汉哀帝刘欣的母亲丁姬，不遵守藩臣姬妾的礼仪，坟墓竟建得跟元帝的一样高，而且安葬时身怀'太皇太后''皇太后'的印信。我建议挖开她们的坟墓，取回印信，并将其尸体运回定陶国，安葬在刘康的坟墓旁边。"

接到奏折的王政君迟迟没给答复。

按说，在此事上，她和王莽的心情应该是一致的，甚至应该对傅太后怀有更大的愤恨。因为，她还是元帝的皇后时，当时的傅皇妃就一直跟她过不去。要不是大臣们极力维护，估计刘骜的太子之位早就被刘康夺去了。之后刘欣即位，傅太后更是作威作福，根本没把王政君放在眼里。

可这一切的凌辱相逼，都没拨动王政君的心弦，她如圣人一般原谅了一切。

待王莽再次前来询问，她才懒洋洋地说："冤家宜解不宜结啊，都是陈事旧年了，我看就算了吧。往事如烟，就让它随风飘散吧。"

对于王政君的好脾气，王莽已经领教过无数次了，他并不感到意外。

但他的坚持却是必须的："不，有些往事并不如烟。这事不关乎个人恩怨，而是于礼法不合。"

这是一个光明正大的理由。

见王莽非要秋后算账，王政君咳嗽了一声，妥协道："那就按你说的办吧。但是只把印信取出来就可以了，不要破坏尸身和棺椁。"

王莽思量了片刻，答曰："这种人道主义精神是好的。但傅太后跟丁姬的棺椁都是用最名贵的梓木制成的，而且她们下葬时穿的是金缕玉衣，作为藩王的姬妾，于礼法也是不符的。我请求剥去她们的金缕玉衣，并用普通棺椁代替原本的梓木棺椁。"

王莽说得句句在理，王政君虽然于心不忍，但也无从辩驳，只好长叹一声："唉，那就这么办吧。"

听说王莽要挖坟，而且挖的是前太后的坟，众人皆摩拳擦掌。

最先得到消息的是文武官员，他们纷纷表示，要钱捐钱，要力出力。

最后听到消息的是身处最底层的百姓，他们的逻辑很简单——凡是安汉公赞成的事情，他们就放手干；凡是安汉公反对的事情，他们坚决不沾。

中间听到消息的知识分子们发挥自己的长项，从儒家理论出发，引经据典，为这事做了合理合法的分析、解释，以及宣传。

最终在王莽的一声令下，两座大坟被夷为了平地。

为了警示后人，王莽命人在坟墓原址围了一圈荆棘，并作为景点免费向游客开放。

惩罚过死人之后，还得惩罚活人。

当年为了拍哀帝的马屁，泠褒、段犹最先提出给傅太后和丁姬加封称号，如今秋后算账，他俩自是无处可逃。

但王莽也不滥杀，他做事向来有理有据。根据律法，泠褒、段犹被判充军。

当年的大司空师丹因反对给傅太后、丁姬加封的事宜，丢了官，丢了封爵。如今拨乱反正，王莽派人用豪华的马车把师丹接到了长安城，并封他为关内侯。

至此，清算傅太后、丁姬的工作算是圆满结束了。

虽然挖的是傅太后和丁姬的坟，但臭的却是哀帝刘欣的名声，再往外延，臭的是整个刘氏皇族的名声。

但在挖坟的过程中，王莽并未遇到来自刘氏的任何反抗，哪怕是反对。

那么，挖坟之后呢？

4. 平帝之死

转眼间，汉平帝已从稚子变成了少年，并很快成了青年。

与年龄增长同步的，是其眼神的变化。曾经的懵懂天真，渐渐地被一种令人胆寒的冰冷替代，那冰冷里布满杀气。

汉平帝知道，是王莽让他们母子别离，是王莽杀了他母舅一家，是王莽在政事上说一不二，是王莽在朝堂上一呼百应，是王莽让他做了屈辱的傀儡皇帝。

但有些时候，无知是一种幸福，敏感是大错特错。比如，同样在无可奈何的情况下，乐不思蜀的刘阿斗就比"故国不堪回首月明中"的李后主幸运百倍。前者善终，后者死于非命。

可一个十四五岁的少年，还不懂得"隐忍"，内心所想全由眼睛展示了出来。

第一次在无意间瞥见了平帝那刀锋一般的眼神后，王莽不禁打了个寒战，而平帝的命运也就此注定了。

腊日大祭，俗称小岁，是汉朝的传统节日。在这一天，子女要用礼物孝敬父母，臣属也要向君王庆贺。

王莽敬献给汉平帝的礼物，是一壶椒酒。

南北朝时著名的风俗作家宗懔在《荆楚岁时记》中有过相关

记载：

> 俗有岁首用椒酒，椒花芬香，故采花以贡樽。正月饮酒，先小者，以小者得岁，先酒贺之。老者失岁，故后与酒。

平帝收到酒后，赏了送酒的仆役，然后把酒搁在了一边。他憎恨王莽，不愿意喝他送来的酒。

但仆役却迟迟不肯离去，平帝好奇，问道："你干吗还不走？"

仆役面露难色，说道："安汉公吩咐了，要亲眼看到皇上把酒喝了才能回去交差。"

平帝大怒："放肆！喝不喝是我的事，他……你管得着吗？"

仆役扑通一声跪倒在地，声泪俱下："请陛下体恤奴才，您不喝，安汉公会怪罪我的。"

平帝烦了，懒得再多说，于是端起酒壶，一饮而尽。

之后平帝便病了。

这病一天重过一天，太医们皆无能为力，他们甚至连病因都查不出来。或者说，查出来了，但不敢声张。

当年，周武王大病，周公姬旦写了一篇祷文，表示愿用自己的命换哥哥的命。

处处以周公为榜样的王莽也如法炮制地写了这么一篇祷文，并把它锁在金柜里抬到了金銮殿上。他对群臣说："不要告诉别人这里面放的是我为陛下写的祷文。"

话音刚落，未央宫里就传来了哭声。

这年十二月丙午日（公元6年2月4日），汉平帝呼吸了最后一口人世间的空气，就此永别了。

关于平帝之死，《汉书》中是这么记载的：

平帝疾……平帝崩。

说明平帝的的确确是病死的。

但《资治通鉴》中却记载道：

冬，十二月，莽因腊日上椒酒，置毒酒中。

真相呢？

在探究真相之前，不妨先看一下平帝驾崩之前和之后发生的两件事。

平帝死前，泉陵侯刘庆上书道：

周成王幼少，称孺子，周公居摄。今帝富于春秋，宜令安汉公行天子事，如周公。

刘庆的意思很直白：让王莽效仿周公，"行天子事"，即让王莽当"代皇帝"。

"代"是个很有策略的字眼，一般情况下，除非突然犯了大错误，否则"代省长"或者"代市长"的下一步就是"省长"或"市长"。

群臣们的意见是："宜如庆言。"

王政君答应没答应呢？史书中没有记载。但这事暂时被搁置了。

平帝死后，类似的意思又以更艺术的方式表达出来。

仍是这年十二月，谢嚣奏报在他管辖的武功县（今陕西武功县），有人在挖水井时挖出了一块白石头。此石上圆下方，上书九个朱红大字：

告安汉公王莽当皇帝。

奏报呈上来后，王莽立即把它拿给大臣们看，并让他们立即报告王政君。

太保王舜担当起了传话筒的角色。

得知此事后，王政君的脸色一下子变了。她不能像以前那样，乐呵呵地说"就照你说的办"了，她如梦初醒般怒喝道："这明明是欺骗天下人的把戏，怎么能够相信呢？"

但王舜的一句话让她瞬间无言以对了："安汉公想做什么，现在还有谁能阻止他吗？"

直到这时，王政君才明白，她早就被自己的侄子架空了，整个大汉朝都是王莽的囊中之物。

王舜接着说："其实，'当皇帝'的意思可以有多种解释，比如，可以解释成'当代理皇帝'。"

王政君如同抓住了救命稻草，急忙答曰："那就让他当代理皇帝吧。"

而这，正符合王莽此时的心理预期。

5. 刘氏反击

对于汉朝的臣民来说，"代理皇帝"是个新概念。既是新概念，就要对这个概念做出详细的解释，并针对它的权力界限、待遇级别等制定出合理合适的规定。

王政君同意让王莽当"代理皇帝"后，相关部门立刻马不停蹄地研究出了一套"代理皇帝"的政治待遇，然后奏请王政君批准。

待遇主要包括五条：

一、王莽要身着皇帝的服饰，坐在龙椅上接受文武百官的朝拜。

二、祭祀中，司仪要称王莽为"假皇帝"；平日里，官员和百姓要称王莽为"摄皇帝"。王莽自称为"予"，官员在王莽面前要自称为"臣"或"妾"。

三、王莽发布的命令，不用"诏书"，而用"制书"。

四、王莽在拜见太皇太后和帝、后时仍然遵照臣子的礼仪。

五、王莽原来的住宅要扩建装修，改为宫殿。原先的封地不变，另加封武功县。

看着这五条规定，王政君心中升起一丝不祥的预感，但她之前既已答应，此刻也只能全部批准。

但有一个问题，"代理皇帝"毕竟只是个代理，真皇位还是必须要有人继承的。于是，选定继承人的事宜被提上了日程。

汉平帝没有子嗣，而且，至汉平帝时，汉元帝刘奭的直系子孙就已断绝。此时，只能从元帝的父亲——宣帝刘询的直系子孙中选定。

汉平帝是汉宣帝的曾孙，那么，皇帝的候选人只能出自宣帝的曾孙或玄孙辈。

此时，汉宣帝的曾孙辈有五十多人。王莽发现这些人都是成年人，控制起来有点难度。他沉思半晌，以"兄弟平辈之间不能继承帝位"为由，将这份名单列为了黑名单。然后，他开始专心致志地在宣帝的玄孙辈中寻找。

在寻找的过程中，王莽遵循的唯一原则就是"年龄越小越好"。

最终，宣帝的玄孙刘婴被立为皇位继承人，人称"孺子"。此时，刘婴仅一岁，的确是个名副其实的孺子。

以前，王莽做事讲究有理有利有节。但在选皇位继承人这件事上，他做得太露骨了，引起了刘氏皇族中某些热血青年的不满。他们看到祖宗的江山被一个外人玩弄于股掌之中，不禁觉得羞耻和愤怒，他们决定给王莽一点颜色看看。

居摄元年（公元 6 年）四月，安众侯刘崇与封国的宰相张绍密谋发动了讨伐王莽的战争。

刘崇认为，天下人在心里都是反对王莽的，只是没人愿意出头。他登高一呼，天下人肯定云集响应。

说干就干，他跟张绍带着募集而来的几百名兵士，本着就近原则，首先发起了对宛城（今河南省南阳市）的攻击。遗憾的是，在宛城守军的还击下，刘崇大败而还，起义失败。

为了给摄皇帝压惊，群臣赶紧上书王政君："刘崇之所以敢叛乱，是因为摄皇帝的权力太小了，应该扩大他的权力，让他的地位更为尊贵。"

王政君赶紧下诏："以后王莽拜见我时，不必再自称为'臣'，改称'假皇帝'。"

这场由刘氏成员发动的反击，虽然规模小、寿命短，但毕竟起到了模范带头作用。

不久后，一场更大规模的叛乱摆在了王莽面前。

这年九月，东郡太守翟义揭竿而起，誓为刘氏铲除王莽。

之后，翟义的部队攻陷了观县（今山东观城县）。他们杀死县长，征集乡勇，队伍渐渐壮大。

为了表明此次起兵的合法性，翟义与严乡侯刘信、武平侯刘璜结成同盟，并拥立刘信为帝，自己担任大司马。

刘信之子——东平王刘匡，在封国内拥有数量可观的军队，他把这支队伍也交给翟义统帅。如此一来，起义军达十万人，可谓声势浩大。

翟义发布讨逆宣言，列举王莽的两大罪过：毒杀平帝、篡逆刘氏江山。

举国震惊。

王莽更是惊出一身冷汗。他昼夜难眠，抱着孺子到郊祀祭坛和宗庙祷告，并仿照《周书·大诰》写了篇策书昭告天下。这策书与翟义的讨逆宣言针锋相对，算是王莽的辩词：

一、我没有毒杀平帝，我还为他写过祷书。

二、我没有篡夺刘氏江山，我只是代孺子执政，待他成年后就还政于他。

三、翟义是个大坏蛋。

但是只申辩是没用的，必须派人镇压。

王莽权衡再三，派出王邑、孙建等八位将军率兵迎击。他们分别驻扎在各处关口，守护着战略要地。

但没等他们等到翟义的军队，麻烦就来了。

槐里县（今陕西省兴平市）的赵朋、霍鸿等人起兵响应翟义，密谋进攻长安。

此时的长安，几乎是一座空城啊。

王莽只好从矮子里面拔大个儿，派遣将军王奇、王级率军抵挡，并任命太保甄邯为大将军，统领全国军队；王舜、甄丰则带领禁军在宫中昼夜巡察护卫。

在很长一段时间里，战事都处于胶着状态。直到十一月，王莽的军队与翟义的军队在淄县（今河南省考城县）进行了一场大决战。结果翟义一方大败，退回义军的大本营——圉城（今河南省杞县）。

王莽一方乘胜追击，于十二月攻陷圉城。

刘璜被当场斩杀。

翟义被活捉，押回长安后，被五马分尸。

刘信父子则成功脱身，不知去向。

一场轰轰烈烈的叛乱被成功镇压。

平叛后的例行节目，照例是清算和奖赏。

先说清算：

王莽下令挖开翟义的祖坟，并将棺木尸骨全部烧掉；诛杀翟姓三族，上到八十岁，下到八十天，一个都不放过；将翟义、赵朋、霍鸿等叛军的尸体分置在濮阳、无盐、圉县、槐里、周至等五个地方，尸堆上插木牌，上书"反虏、逆贼、男鲸、女鲵"等字样。

再说奖赏：

平叛的部队凯旋后，王莽在未央宫白虎殿摆下盛大酒筵，慰劳出征的将领，并命南乡侯陈崇迅速核定功劳、划分等级。

最终，依照周王朝的制度，陈崇把爵位分为"公""侯""伯""子""男"五级，受封者多达三百九十五人。

平定翟义等叛军后，王莽心中悬挂已久的巨石总算落了地。

从严格意义上来说，刘氏的反叛，是王莽代汉路途上遇到的唯一关隘，跨过这道坎儿后，将一马平川。

第七章　新朝代汉

1. 公元 8 年

无论从哪个方面来看，居摄三年（公元 8 年）对于王莽来说，都是意义最为深刻的一年。

首先，在这年秋末，王莽那倔强的母亲去世了。

母亲是王莽一生中最重要的人，可想而知，她的去世对于王莽的打击有多大。

由于父亲死得早，王莽的性格和价值观的形成主要受母亲的影响。可以说，王莽"外柔内刚""绵里藏针""能屈能伸"的独特个性，与刚柔并济的母亲不无关系。而这种个性对于免不了要经历起伏颠簸的政治人物来说，简直必不可少。

对于母亲，孝顺的王莽几乎言听计从，但他并不是完全认同母亲的价值观和世界观，尤其从大儒陈参那里学成归来后，他更是认清了母亲性格中的缺陷：原则性有余，而灵活性不够。

王莽知道自己肯定或多或少地具有这种特质，所以他有意识地弥补了这一块性格短板，这也造就了后来的王莽。

母亲去世，王莽悲痛异常。按照礼仪，他应该为母亲守丧三年，但是向来以"孝"闻名的王莽却不能这么做，因为他此时的第一身份是"代理皇帝"。名义上虽是"代理"，实际上享受的却是"真皇帝"的待遇。按此论，王莽的母亲只是封国的太后。让皇帝给封国的太后守丧，没有这个道理。

王莽只好灵活变通，让自己的孙子王宗（王莽长子王宇的儿子）代替自己，为母亲守丧。为什么有儿子不选，非要选孙子呢？因为王宗接替了王莽"新都侯"的封号，也就是说，王宗是新都国的国君，而王莽的母亲是新都国的太后，级别正好对等。

安葬好母亲后，为了转移注意力，王莽化悲痛为力量，把全都精力投入到工作中。但就在王莽从悲痛之情中慢慢抽离的时候，又一个打击接踵而至。

这个打击仍然与亲人有关。

据专门负责弹劾官员的司威陈崇奏报，王莽的侄子王光让执金吾窦况替自己杀死仇人。窦况心想，代理皇帝的侄子找自己办点事，哪能推辞呢？于是便寻了个罪名，将那人逮捕斩首了。

闻讯后，王莽心痛更甚。王光跟王莽一样，也是幼年丧父，他基本上是由王莽养大的，二人的感情不输父子。

心痛之后，王莽依旧秉公办事，要求相关部门依法处置。

王光知道事情败露后，惊慌失措、寝食难安，急找自己的母亲商量对策。

王光的母亲长叹一声，反问道："对策？我且问你，你跟王宇、王获相比，谁与王莽的关系更亲密？"

王光低下头，答道："我比不上他俩。"

王光的母亲又长叹一声："既然如此，那还想什么对策？"

说罢，母子二人上吊身亡。

王莽闻讯赶到现场，抚摸着侄子尚有余温的尸身，老泪纵横，仰天长叹。

一年之内，接连失去了三个亲人，王莽有点蒙了。

上天欲使之毁灭，必先使之疯狂。同理，上天欲使之飞腾，必先使之身心劳苦。

所以，这远远不是结束，还有更重大的事情等着王莽。

2. "符命运动"

居摄三年（公元 8 年）的年末，轰轰烈烈的"符命运动"开始了。史上最戏剧化的"天人感应"事件接连出现，各色人物粉墨登场。

先是广饶侯刘京奏报，七月时，齐郡临淄县昌光亭长辛当一晚上连续做了好几个梦。

做梦并没什么稀奇的，一晚上连续做几个梦也不值得大惊小怪。但神奇的是，梦的内容是完全重复的，就像拖着播放器的进度条回放了几次，丝毫无差。

一般情况下，这样的梦会被称为"托梦"。

据刘京奏报，在梦中，有一位须发皆白的神仙对辛当说："我是天公的使者，天公让我转告你，摄皇帝应当做真皇帝。如不相信我，请看亭中是否会出现一口新井。"

第二天早上，将信将疑的辛当急忙到亭中查看。结果亭中果然出现了一口新井，井深近百尺。

这就不由得他不信了。他连忙奏报广饶侯刘京，刘京又快马加鞭地奏报给朝廷。朝野顿时一片哗然，人心浮动。

紧接着，十一月初九，巴郡发现石牛。十五日，雍县发现刻有文字的仙石。地方官赶紧把它们运到长安，然后按照上级的指示，摆放在了未央宫的前殿，等待查验。

待众人前来观看时，忽然天风大起，尘土遮天。风停后，石头前出现了铜符节和帛图谶，图上有文字说："上天晓谕皇帝的符命，献者可以封侯。秉承天命，服从神明的命令。"

朝臣皆交头接耳、窃窃私语。

有人小声地惋惜道："看来，大汉朝要完了。"

旁边的哥们儿表达了不同的意见："旧的不去，新的不来。"

王莽注视着这些远道而来的符命，面色沉静，内心欣喜。当夜，他便整理材料奏报王政君，然后提出了自己的要求：由"代理皇帝"升级为"皇帝"。

王政君打了个寒战，出于本能地问道："什么？"

王莽推心置腹地跟王政君说："这皇帝其实是假的，不过是为了工作方便。等孺子二十岁，我就把一片锦绣河山交到孺子手中。"

王政君打了个哈欠，再次无奈地答应了。

为了顺应天命，王莽又将公元 8 年定为"初始元年"。

不管王莽在王政君面前说得多委婉，"初始元年"这个年号已经很有改朝换代的浓烈味道了。

有一个眼光卓越、胆子很肥的男青年，决定趁着这千载难逢的机会赌一把。

他就是哀章。

严格来说，哀章算是个儒生。他甚至曾经被选拔到长安接受教育，但终因品行不端被劝退。

哀章看不起那些又呆又迂腐的同学和老师，被赶出校门那天，他叫嚣道："燕雀安知鸿鹄之志哉？"

对于一个投机主义者来说，每个机会都是救命稻草。因此，遇上"符命运动"这种千载良机，哀章怎么能够忍住不出手呢？

他仔细收集了能够打听到的所有符命事件的资料，并把它们分门别类，认真研究。在下了一番功夫后，哀章终于在前人的基础上找到了属于自己的方式。

他先是秘密打造了一个铜柜子，又制作了两张信笺藏在柜子里。其中一张上面写着"赤帝行玺某传予皇帝金策书"几个大字。在策书中，赤帝（即西汉的开国皇帝刘邦）明确表示，欲将皇位传给王莽，相关人等应该尊承天命。另一张信笺上则写着"天帝行玺金匮图"七个大字，大字的下方画着王莽与十一位开国之臣。其中八位是王莽的心腹，另外三位是他，以及为了使自己的贸然加入不显突兀而捏造的王兴、王盛二人，哀章还在名字后标注了官爵。

置办齐全后，哀章找了个风和日丽的黄昏，穿着象征皇权的黄色披风，一副神灵附体的白痴表情，颤颤悠悠地把铜柜抬到祭庙。

祭庙的负责人警惕地问道："你是干什么的？"

哀章翻着白眼答道："吾乃高祖刘邦，还不快快下跪。"

负责人差点儿大笑，但见哀章一脸认真，心里也没底。在本能的驱使下，负责人扑通一声跪在了哀章面前。

哀章指着自己的头顶，继续胡诌："此子乃寡人之使臣，送铜柜至此，尔等当打开铜柜，将此事速速报知朝廷。"

负责人连忙磕头称是。

哀章浑身颤抖了一下，眼神和表情同时恢复正常，然后他迷茫地看了看四周，问道："刚才发生了什么事？我怎么会在这里？"

负责人顾不上理会哀章，急忙起身打开铜柜，待看到里面的物件后，他连忙吩咐手下鞴马，然后朝未央宫的方向疾驰而去。

很快，整个朝廷都知道了这件令天下震惊的大事。

前面已经有过类似的符命事件，为什么哀章炮制的这起事件会有不同凡响的影响力呢？

原因很简单，前面几起事件表达的意思都很模糊，而这次白纸黑字，逻辑清楚，意思明确。最重要的是，表达这意思是大汉朝的开国之帝刘邦。试想，连汉朝的老祖宗都下令了，其他人还有什么理由反对呢？

不过，哀章此举却弄得王莽有点被动了。

本来，王莽想采用蚕食战术，一点点地取大汉而代之。铜柜一出世，弄得王莽骑虎难下了。

承认它吧，那就得立即取而代之。但时机是否成熟了呢？

不承认吧，就相当于否定了符命的正当性和权威性，之前的一切铺垫都没用了。

权衡再三，王莽把心一横：大概这就是天意吧。

想罢，他亲自驾临刘邦的祭庙，向铜柜下跪叩头。然后，戴上皇冠，拜见王政君。最后，王莽又回到未央宫，发表了就职演说：

> 予以不德，托于皇初祖考黄帝之后，皇始祖考虞帝之苗裔，而太皇太后之末属。皇天上帝隆显大佑，成命统序，符契、图文、金匮策书，神明诏告，属予以天下兆民。赤帝汉氏高皇帝之灵，承天命，传国金策之书，予甚祗畏，敢不钦受！以戊辰直定，御王冠，即真天子位，定有天下之号曰新。其改正朔，易服色，变牺牲，殊徽帜，异器制。以十二月朔癸酉为始建国元年正月之朔；以鸡鸣为时。服色配德上黄，牺牲应正用白，使节之旄幡皆纯黄，其署曰"新使五威节"，以承皇天上帝威命也。

抛开官话套话，发言表达了两个意思：一、我要取代汉朝，建立"新"朝。二、我做的一切都是顺应天命，不得不这样做。

3. 真刘邦

皇皇西汉王朝竟然断送在一个无德无才的投机主义者手中，真是令人感慨。

更令人唏嘘不已的是，这个投机主义者冒用的竟然是汉高祖刘邦的名义，这不得不让人联想到那个遥远的传说。

传说，刘邦揭竿之初，曾在路上遇到一条大蟒蛇挡道。面对突发状况，刘邦冷静地拔出佩剑，欲斩杀之。没想到，蟒蛇居然开口说话了。

它说："你斩我头，我就乱你的头。你斩我尾，我就乱你的尾。"

向来狡黠的刘邦想都没想，直接挥剑斩断了蟒蛇的腹部，他的潜台词是：你出你的难题，我有我的良策。

其实蟒蛇还有一句话没来得及说："你斩我的中间，我就乱你的中间。"

"莽"与"蟒"，何其相似。

而且，王莽的新朝横亘在西汉与东汉之间，正是大汉王朝的中间。

——真与假姑且不论，真正的刘邦还是值得一说的。

秦朝末年，两军对峙。

城墙上架着一口大锅，锅中汤水滚沸。锅的旁边，是他被俘的老爹。

对手喊："你不投降，我就把你爹煮了。"

城墙之下的他的反应呢？

他微微一笑，说："煮吧，煮完也分给我一杯汤。"

兵败，他和部下共乘一辆马车逃命，敌军追赶得正急。

由于载人太多，车速很慢。

他环视四周，看到了自己的儿女，于是，大脚一伸："下去吧，你俩。"

部下见状赶紧下车，把一对儿女抱上来，并问："老大，你干吗呢？"

他对曰："不是为了让马跑快点吗？"

不管是出于谋略，还是像刘备摔阿斗那样收买人心，能把上述两件事做得面不改色的人绝对是个狠角色。

这个人，就是汉高祖刘邦。

刘邦的出身，简单点说，就是沛县一农民子弟。于是，毫无例外地，刘邦为自己安排了个惊天动地的出场秀——

传说，某日，刘邦的母亲在河边干活干累了，于是就休息一会儿。这一休息不要紧，她居然睡着了。这一睡着不要紧，她居然梦见自己与天神交合。而一旁的刘邦的老爹，居然看到一条龙缠在自己老婆身上。不久，这个女人就怀孕了，生下来的孩子，就是刘邦。

这种传说，在中国历史上屡见不鲜，还有一个也是关于刘邦的。

话说，刘邦长大后，不太爱劳动，爱好就两个：女人和酒。

由于无权无势，想要像阿Q说的那样"看上谁就是谁"的可能性不大，所以刘邦就把主要的精力放在了酒上。可买酒是需要钱的啊，刘邦根本拿不出这部分开支。

没办法，刘邦就仗着自己膀大腰圆喝霸王酒。店家不乐意，可又打不过他，而为这点事报官也不合适，于是店家就说，刘邦喝醉后身上有龙浮现。

其实，这不过是店家玩的一个小把戏。一是怕刘邦一带头，别人也跟着喝酒不付钱；二是，既然刘邦拿不出钱，那就让他做个道具，招引招引客人。

店家的策略完全正确。

一听说刘邦是因为有神龙护身才不用付钱的，其他人也便不敢跟风了；而想要一探究竟的群众纷纷跑来酒馆，小店的生意也因此红火起来。

到后来，连刘邦都找店家询问："我身上真有龙吗？"

此事一听就是假的，但没办法，愚民就是喜欢神话。就因为这个谎言，当地一个势利的小富豪，居然把自己的女儿嫁给了一穷二白的刘邦。这个小富豪姓吕，他的女儿叫吕雉。

这可把刘邦乐坏了。虽然吕雉长得极其意外，可怎么说人家也是富二代啊。

成亲没几天，这好处就显现出来了。由于老丈人的关系，刘邦这个臭名昭著的小混混居然当上了亭长。

那时候，酷爱建筑艺术的秦始皇还健在，他在修筑伟大的骊山皇家公墓。于是，刘邦就被县长派遣，率领本地的苦力前往骊山。

可谁闲着没事愿意去修墓啊！因遇上了暴雨，道路泥泞，寸步难行，一些胆子大的人干脆跑回了家。过了几天，又有人跑了。到最后，就剩下刘邦和几个胆小鬼了。

刘邦一看跑了这么多人，这罪他哪担得起啊，于是发挥流氓本性："老子也要跑了，你们随便吧。"

剩下的几个人都胆小啊，于是都说："你上哪儿，俺们就上哪儿。"

没办法，刘邦只好带上这些窝囊废跑路。

走到半路，突然传来尖叫声。

刘邦忙问："怎么了？"

一个男子颤着声音说："蛇，一条蛇，一条大蟒蛇。"

于是就发生了蟒蛇和刘邦的对话。

杀了大蛇，刘邦的自信心暴涨，在众人眼中的形象也瞬间高大起来。

一个小兄弟说道："咱们连大蟒蛇都敢杀，还怕什么？既然走投无路，不如起义吧，你做老大。"

众人附和，刘邦便羞涩地答应了。

就在刘邦宣布起义的同时，在沛县县城内，一帮年轻人也杀了县令，打算起义。

可笑的是，这帮年轻人在杀了县令后才发现，忘了找首领。情况是这样的：如果起义失败了，谁做首领，谁受的处罚就会最重，大概是灭九族之类的；而其他人只要坦白交代，就能从宽处理。于是，这帮年轻人推来推去，谁也不敢当老大。

这里头有个一肚子坏水的就建议说："不是说那个小流氓刘邦有神龙护体吗？就让他当老大！"

就这样，刘邦没费吹灰之力，当上了老大。可以说，刘邦是心甘情愿的。为什么呢？因为刘邦的视野比较开阔，他明白"风险越大，收益越大"这个朴素的道理。

就这样，刘邦领着这帮子年轻人起义了，造反了。

在伟大的"马太效应"的影响下，一下子聚集了两三千人。

刘邦知道，在道上混要先找个老大罩着，等自己有实力了再竖起大旗，独当一面。于是他率领这两三千小弟，找了一个在当时比较猛的老大——项梁。

可项梁命不好，没当几天老大就被人砍死了，位子由他的侄子项羽接替。这下刘邦不愿意了——以前，咱俩是平辈，平起平坐，现在你做老大，我得拜你，低你一等，凭什么啊？于是，他拉着自己的队伍出走了。

但由于经验不足，刚开始时，刘邦和他的小弟们被追杀得四处逃窜，好多人因此逃跑了。这其中就包括日后成为刘邦左膀右臂的韩信。不过幸运的是，他被刘邦的另一个小弟萧何给追回来了。

有一天，刘邦一抬头，发现自己居然一路逃到秦始皇的家门口了——函谷关，再往前迈一步，便是秦始皇的老窝——咸阳。

咸阳啊，那些造反派的目的地不就是这里吗？

想到这儿，刘邦瞬间信心百倍，士气高涨。

于是，没费多大劲，刘邦就领着他的小兄弟们拿下了函谷关，进了秦始皇的家。

一进门，全体都傻了眼。美女、黄金、豪宅……夫复何求啊？

就在大家要一哄而抢的时候，一个人在刘邦耳边耳语了几句。

接着刘邦下令，先给这些东西打上封条，存着。

这个在刘邦耳边耳语的人，叫张良。

后来，这事传到了项羽耳中。项羽一听，心想："这怎么得了？刘邦不过是个离家出走的野孩子，我才是造反帮派的总舵主啊。"

于是，项羽快马加鞭，领着一帮小弟赶来了。

刘邦一看这阵势——项羽的小弟有四十万，而自己只有十万，没办法，实力决定一切。

于是刘邦赶紧跑去向项羽道歉，不仅把咸阳城让了出来，还重新尊称项羽为老大。项羽见刘邦这么识趣，就原谅了他。

刘邦和项羽喝完酒，聊完天，笑嘻嘻地回到了自己的地盘——霸上。由于喝酒的地方叫鸿门，便有了"鸿门宴"的故事。

从鸿门回来后，刘邦突然明白了一个道理：在这个世界上，有实力就能拥有一切。

刘邦变得深沉了，他要拼命扩大实力，然后，与项羽为敌，打败他。

经过不懈的努力，刘邦做到了一点，那就是与项羽为敌，可其他的他没有做到。因此，刘邦和他的小弟又回到了被人追赶的岁月。只不过，之前是被秦军追赶，这次是被以前的战友、现在的敌人楚军追赶。

有一次，刘邦的汉军粮草断绝，没办法，只好趁夜把两千多名身披铠甲的女子放出东门，以吸引项羽的楚军。与此同时，刘邦的一个小弟乘坐着刘邦的车驾，假扮成刘邦的样子诳骗项羽的楚军，以便刘邦从城西门逃走。

这是最惨的情况，但刘邦最终走出了低谷，实力与项羽不相上下了。

这几年，项羽与刘邦打来打去，弄得局势很不明朗。于是，他们手下的小弟就建议说："老大，这样打下去会把我们累垮的，不如你俩单挑吧，谁赢了谁做老大，怎么样？"

没办法，手下的人都这么说，他俩只好答应了。

项羽说："刘邦，过来，咱俩比比谁的力量大。"

刘邦一看自己瘦弱的身材，急中生智："我喜欢斗智而不是斗勇。"接着，他根本没给项羽说话的机会，一项一项地列举项羽的罪状，"当初我和你项羽一同受怀王之命，说好了先入关中者在关中为王，可你项羽违背了约定，让我在蜀汉为王，这是你的第一条罪状。你项羽假托怀王之命，杀了卿子冠军宋义，而自任上将军，这是你的第二条罪状。你项羽奉命援救了赵国，本应回报怀王，而你却擅自劫持诸侯的军队入关，这是你的第三条罪状。你项羽曾与怀王约定，入关后不准烧杀掳掠，而你却焚毁秦朝宫室，挖了始皇的坟墓，私自收取秦地的财物，这是你的第四条罪状。你项羽杀掉了已经投降的秦王子婴，这是你的第五条罪状。你项羽采用欺诈手段在新安活埋了二十万秦兵，却封赏他们的降将，这是你的第六条罪状。你项羽把各诸侯的将领都封在了好地方，却赶走了原来的诸侯王田市、赵歇、韩广等，使得他们的臣下为争王位而反叛，这是你的第七条罪状。你项羽把义帝赶出彭城，在那里建都，又侵夺韩王的地盘，把梁、楚之地据为己有，这是你的第八条罪状。你项羽派人去江南秘密地杀害了义帝，这是你的第九条罪状。你项羽为人臣子却谋杀君王，并且杀害已经投降之人，你项羽为政不公，不守信约，大逆不道，这是你的第十条罪状。如今我率领义兵讨伐你这个十恶不赦的罪人，我怎么会屑于与你单挑？"

被刘邦指着鼻子数落，性急的项羽十分恼怒，就用暗箭射中了刘邦。

刘邦伤的是胸部，却按着脚说："这个混蛋射中了我的脚指头！"

说罢，就领着小弟打道回府了。

刘邦因箭伤而病倒了，但一肚子心眼的张良硬是请他出去巡行，以稳定军心。

后来，刘邦的伤好了，他联合其他不大服项羽的诸位大哥，与项羽在垓下决战。

人多力量大，项羽在垓下大败。

本来，败就败了嘛，胜败乃兵家常事。可项羽受不了，这哥们儿自尊心特别强，尤其是被自己以前的小弟打败，他特别接受不了，居然在一怒之下自杀了。

项羽一死，刘邦便被大家推举为老大。

按照老规矩，刘邦假意推辞了一下才上位。

然后，论功行赏，封王，定都。

在庆功宴上，刘邦对自己的小弟们说："来，你们都跟我说说，我能取得天下是因为什么，项羽失去天下又是因为什么呢？"

其中一个小弟抢答道："陛下派人攻打城池、夺取土地后，会与天下人同享。项羽却妒贤嫉能，打了胜仗也不给有功之人奖赏，这就是您得天下而他失去天下的原因。"

刘邦哈哈一笑，说出了早就准备好的台词："你们只知其一，不知其二。如果说运筹帷幄之中，决胜于千里之外，我比不上张良；镇守国家，安抚百姓，供给粮饷，我比不上萧何；统率百万大军，战则必胜，攻则必取，我比不上韩信。这三个人都是人中俊杰，我却能够使用他们，这就是我能够取得天下的原因。项羽虽然有一位范增却不能使用，这就是他失败的原因。"

刘邦说这话的潜台词是：你们不要觉得我这个老大是白捡的，我是因为有天赋才当上的。你们也不要胡乱尝试想取我而代之，没有天赋，不但老大当不上，命都得搭上。项羽就是个例子。

尽管如此，还是有人做老大之心不死。其实也没办法，人心不足蛇吞象嘛。几个不服气、要造反的小兄弟，都被刘邦出兵镇压了，包括梁王彭越、淮南王黥布等。

在镇压黥布的过程中，刘邦中了流箭，回去的路上就病了，而且越来越厉害。

刘邦信命，不信医生，他对吕后请来的御医大喊大叫："我一介平民，手提三尺之剑，最终取得了天下，这不是由于天命吗？人的命运是由上天决定的，纵然你是扁鹊，又有什么用处呢？"说完拒绝医治，用五十斤黄金把御医打发了。

御医走后，吕后看刘邦快不行了，就抓紧时间压榨他的剩余价值。

吕后问刘邦："陛下百年之后，如果萧相国也死了，那么让谁来接替他做相国呢？"

刘邦说："曹参可以。"

吕后又问："曹参以后呢？"

刘邦说："王陵可以。不过他略显迂愚刚直，陈平可以帮助他。陈平智慧有余，但难以独自担当重任。周勃深沉厚道，缺少文才，但是安定刘氏天下的一定是周勃，可以让他担任太尉。"

吕后再问以后的事，刘邦就不耐烦了，说："别废话了，再以后的事，就不是你所能知道的了。"

吕后只好闭嘴。

之后没过多久，刘邦就驾崩了。死后传位于太子，即汉惠帝。

4. 正式登基

前文提到，王莽虽然在朝堂上单方面宣布取代了大汉，但这仅仅是内部即位，只是获得了大臣们的认可。要想得到全天下人的承认，还有两个重大遗留问题需要解决：一是拿到象征皇帝身份的玉玺，而这玉玺在老太后王政君那里；二是妥善安置孺子刘婴，并就为何以及如何取代他这个问题，给出合理的解释，这关系到王莽的名声以及新政权的合法性。

先说玉玺。

早在王莽发布内部文告之前，他就曾数次到王政君所在的长乐宫观摩那枚在天下人心中至高无上的传国玉玺。

有一次，王莽试探性地问道："太后，我现在是事实上的执行皇帝，能否把玉玺给我？"

王政君干脆利落地拒绝了他。

这个糊里糊涂的老太太，生平做得最智慧的一件事，就是在汉哀帝驾崩时把玉玺抢到了手，并因此主导了哀帝之后西汉的政治格局。她一直视玉玺为大汉王朝的命根子，除了交给汉平帝短暂地保存了几年外，其他时候，一直被她死死地握在手中。她坚定地认为，只要握住此物，就是握住了大汉王朝。

王莽比谁都了解王政君的心思。所以，经过那次试探，王莽就打消了轻而易举就把玉玺弄到手的妄想。他知道，此事"软磨"不行，只能"硬泡"。

他找来了亲信王舜。

王舜是王莽的堂弟，亦是王政君的亲侄子，深得王政君的喜爱。如果说全天下只有一人能顺顺利利地从老太太手里取回玉玺，那此人非王舜莫属。

王莽开门见山地告诉王舜："兄弟，去把玉玺拿回来。"

王舜一愣："那玉玺可是太后的心头肉啊，恐怕……不是那么容易。"

王莽微微一笑："所以才叫你去。"

王舜咬牙沉思了几秒钟后，忠诚地答道："好，我这就去。"

在王舜就要走出门的时候，王莽叫住了他，小声吩咐道："万不得已，可以来点硬的，不过注意分寸。"

王舜心领神会。

来到长乐宫，王舜满脸不自然，磨蹭了好大一会儿，才在王政君异样的目光中，吞吞吐吐地说明了来意："我是来取玉玺的。"

老太太瞬间火冒三丈，大声质问道："是他让你来的？"

王舜不敢看王政君的眼睛，胡乱地点了点头。

王政君颤颤巍巍地站起身，怒骂道："你们这些人，哪一个不是靠着大汉刘氏的恩典才获得了如今的地位？不思报答也就罢了，如今还要恩将仇报，趁着刘氏人丁凋零，行大逆不道之事，你们还是人吗？"

老太太缓了口气，王舜则一声不吭。

喝了口水，王政君继续骂道："他王莽不是顺应天意不得不为吗？那为何不让上天赐给他新的玉玺？我，王政君，大汉先皇元帝的皇后，大汉数朝皇帝的太皇太后，我生是大汉朝的人，死是大汉朝的死人。等我死了，我就抱着这玉玺下葬，谁也别想把它从我手里夺走！"

骂到这儿，王政君愤怒的声音中已经带着哭腔，而她那沟壑纵横的脸上早已老泪横流。

看到老太后可怜的模样，身边的侍从也忍不住啜泣。

王舜也被此情此景打动了，眼泪潸然而出。他不忍看王政君的脸，扭头把眼泪擦干，长叹一声，道："太后，您说的句句在理。但，天意如此啊。人再大，能大过天吗？"

王政君不接他的话头，一边恸哭，一边仰天道："天啊，你为什么不打个雷劈死这帮畜生啊？"

王舜知道再劝说下去也是毫无效果，于是正色道："太后，王莽是绝对要拿到这玉玺的。您想想，他要做的事情，有不成功的吗？您老人家，有什么办法能把玉玺一直留在手里呢？"

这语气，看似温和，其实绵里藏针，已经有点威胁的味道了。

王政君听出了话里的威胁之意，她的哭声更大了。

哭罢，她拿出玉玺，用那双枯枝般的老手细细地摩挲了一遍，然后扬起手，将玉玺摔到了地上，口中还念念有词："我快死了，你们也快死了，我看不到王家满门抄斩的那一天了。"

王舜急忙拾起玉玺转身离开，留下了满眼苍凉的王政君。

拿到玉玺后，王莽满心欢喜。当晚，他就在未央宫举办了大型的晚宴，向众人展示自己的战利品。

接下来，就是考虑如何处置孺子刘婴的问题了。

相对来说，这个问题容易多了。

有了之前大量的符命舆论做铺垫，王莽取代汉朝自立已经是一件深入人心的事情了，而且，大部分百姓是打心底里拥护他的。

有了这个群众基础，王莽正式宣布：顺应天命，接受孺子刘婴的禅让，即位为帝，创建新朝。

为了显示自己的宽仁，王莽封刘婴为定安公，授予其采邑一万户，封地百里。同时将汉朝历代皇帝的祭庙，挪到定安公的封国内，由刘婴负责祭祀。

与所有亡国之君一样，刘婴事实上是被软禁了。在他的官邸里，有层层警卫，而这些警卫的最大职责就是监视他。刘婴就这样被禁锢在了尺寸之地，不能迈出大门半步，无法与外界接触，以至于他长大后连牛、羊、鸡、狗等都不认识。

就这样，王莽把原本雄踞天下的大汉王朝压缩成了一块方圆百里的小小地盘，既赢得了宽厚仁慈的名声，又在大面积的国土上抹去了"汉"这个符号。

"去汉化"的行动仍在继续，王莽再次把目光转移到王政君身上。此时，王政君的身份还是汉朝的太皇太后。既然汉朝已经不存在了，那么王政君身上的汉朝封号自然也不能继续存在。

王莽先是示意王氏家族的一名小人物——王谏上书道："新朝已立，汉朝已经不复存在。那么，太皇太后不应该继续使用汉朝的尊号，而应顺应天命，采用新朝的尊号。"

王莽把这个意思转告给王政君后，老太太一反常态，哈哈大笑起来，并以戏谑的语气反问王莽道："你觉得这个建议如何？我觉得实在是个好建议啊。"

为了不过分刺激她，王莽当机立断，假意说道："王谏是个糊涂之人。"

但这事是必须要做的。

不久后，有人送来一件铜璧，声称是挖井时从地里挖出来的。铜璧上有一行神秘的文字：太皇太后的尊号应为"新朝文母太皇太后"。

符命！又见符命！

王莽如获至宝，把铜璧送到王政君面前，说道："您看，这是上天的意思，咱不得不从啊。"

在上天面前，王政君无计可施，只好接受了这个新朝的封号。

十二月，王莽率领百官，将新鲜出炉的太后玉玺敬献给王政君，同时昭告天下，废除汉朝的称号，建立新朝，王莽正式登基。

王莽代汉，是中国封建王朝历史上第一次不流血的政权更迭，是一场极具现代风格的"和平演变"。

从最初入仕担任小小的黄门郎，到荣升为权倾朝野的大司马，最终代汉自立，成为新朝的开国之君，这条路，王莽走了三十年。

5. 大肆封赏

新皇即位，免不了大肆封赏。

王莽的结发之妻王氏被封为皇后；王莽的四个儿子中，长子王宇和次子王获已经死掉了，只剩下王安和王临。王安除了吃喝玩乐，一无是处，于是王临被封为太子，王安则象征性地被封为新嘉辟。王莽的孙子全被封为公爵。其中，王千为功隆公、王寿为功明公、王吉为功成公、王宗为功崇公、王世为功昭公、王利为功著公。

此外，王莽还根据远近亲疏，大封王氏皇族。与他同一祖父的，一律封为侯爵；与他同一曾祖父的，一律封为伯爵；与他同一高祖父的，一律封为子爵；与他同一玄祖父的，一律封为男爵。这些人的女儿们，则一律封为任爵。

封完自家人，接下来就是外人了。

王莽登基的直接依据是哀章打造的那个铜柜子，因此，王莽首先按照铜柜里的符命，任命了第一批高级官员。

太傅王舜被任命为太师，封安新公。大司徒平晏当了太傅，封就新公。大儒刘歆荣升为国师，封嘉新公。铜柜的制造者哀章，则当了国将，封美新公。

以上四人被称为"四辅"，属于新朝的最高层官员。

甄邯为大司马，封承新公。王寻为大司徒，封章新公。王邑为大司空，封隆新公。

以上三人被称为"三公"，地位仅次于"四辅"。

甄丰为更始将军，封广新公。王兴为卫将军，封奉新公。孙建为立国将军，封成新公。王盛为前将军，封崇新公。

以上四人被称为"四将"，地位处于"四辅""三公"之下。

以上这十一人，是新王朝的权力顶层，属于王莽的核心团队。

这十一人中，大多是跟随王莽数年的亲信，而哀章、王兴、王盛三人完全是个笑话。

哀章是个品行不端的投机主义者，他能位列"四辅"，与其说是王莽封的，不如说是他自己封的。

更有意思的是王兴、王盛二人。当初，哀章是怕在名单中单独加入自己的名字太过突兀，于是编造出了王兴、王盛这俩不存在的人。好在这俩名字并不生僻，所以王莽硬是派人找到了十几位同名者。然后根据其生辰八字、星座命理等测算，敲定了最终人选。

王兴本是长安城的城门令史，是个完全不入流的芝麻小吏。面对从天而降的富贵，他幸福得差点儿昏厥。好在他是官场中人，没闹出什么大的笑话。

王盛就不行了，他本是个卖烧饼的小贩，与武大郎一个档次。

那天黄昏，他正在为尚未卖掉的烧饼烦恼不已，突然，一大群官员向他涌来，走在前面的几位还大声喊着："王盛！王盛！"

王盛哪见过这阵势啊，还以为自己犯了什么王法，丢下烧饼担子，撒腿就跑，边跑边争辩道："天啊，我没犯王法啊！"

他在前面跑，官员们在后面追。就这样跑了好几条街，体力不支的王盛才被捉住。此时的他脸红如猪肝，身抖如筛糠，但仍不忘申辩："我没犯法，我没犯法。"

为首的官员乐了："谁说你犯法了？你要当大官了。"

一开始，王盛哪敢相信。但看到官员们一改往日的威风，在他面前毕恭毕敬的，有几位甚至偷偷对他说："王大人，以后可别忘了提携下官。"王盛这才半信半疑地在官员的簇拥下，来到了未央宫。

直到被加官晋爵，王盛还如梦游一般。

新朝官场中地位最高的十一把椅子各归其主后，卿大夫、侍中、尚书等中级职位也纷纷有了人选。这些人达百人之多，是新朝官员的主体，大部分的政务，都要通过他们监督执行。

再等而下之，王莽又设立了二十七个"大夫"、八十一个"元士"，分别担任中央各级官职。

当然，有人高升就必然有人失落。

王莽下诏："汉朝时，封国内的国君都称王，连四方的蛮夷部落也这样做，真是岂有此理。这与典章制度背离，是不合理的，必须予以废除。因此，我决定封国内的王爵一律改称公爵；四方蛮夷的王爵，一律改称侯爵。"

于是，汉朝时受封的三十二个王，全部降级为公爵，一百八十一个侯爵，则全部降为子爵。

从诏书中，可以看出两点问题：一是王莽对周边少数民族怀有赤裸裸的莫名的恨意，这种恨在他日后的执政生涯中愈加强烈；二是王莽继续推行"去汉化"措施，汉朝受封的爵位，先是面临降级的厄运，不久之后，连降级的爵位也全部被取消了。

干完这些，王莽深深地呼吸了一口空气：嗯，是"新"朝的味道了。

第八章　王莽改制

1. 不得不改

王莽坐上龙椅后，俯视天下，他看到的不是一座锦绣河山，而是一个千疮百孔的烂摊子。

西汉末年，社会问题已经累积到民怨爆发的临界点——所以百姓舍弃了汉朝，而支持王莽。

王莽知道，如果他不能让社会状况有所改变，那百姓会瞬间倒戈，像舍弃汉朝一样舍弃他，把他从龙椅上赶下来。

这是其一。

其二，在王莽的心中，一直潜伏着一个光辉的政治理想，那就是建立一个美好的大同世界。在这个理想的世界中，没有高低贵贱之分，没有欺辱掠夺，也没有衣不蔽体食不果腹的困境，人人平等，人人富足，人人安居乐业。

之前，他没有能力实现自己的理想。现在，他可以了。

因此，他必定改革。

要开出药方，必须先摸清病因。

西汉末年的病因是什么呢？

当时，最大的社会问题是土地兼并严重。越来越多的地方豪强崛起，他们贪婪成性，平日里最爱做的事情就是置办土地，不断把别人家的土地划到自家的版图里。于是，土地兼并之风愈演愈烈，越来越多的穷困农民失去土地，男子沦为奴隶，女子沦为奴婢；而且，这些奴隶和奴婢与土地一样，是可以被自由买卖的。

放眼天下，利益阶层骄奢淫逸，普通百姓生活艰难，两极分化严重。而与之同步的，是官商勾结，贪腐成风。

早在汉成帝时，危机的种子就已经埋下；到汉哀帝时，危机已经迫在眉睫。当时，王莽被罢黜在家，无权无势，与他关系密切的孔光、师丹等大臣曾向哀帝提出限田、限奴的建议，并制定了具体的措施，比如诸王、列侯以至吏民占田不得超过三十顷；占有奴婢的数量，诸王不得超过二百人，列侯、公主不能超过一百人，其余吏民则以三十人为限。

但很遗憾，在当时的外戚权臣等既得利益阶层的坚决反对下，这个限田、限奴的政策没能得以实施。

王莽是支持这个政策的，但此事牵涉到太多的利益关系，如果手里没有说一不二的权力，很难实施。如今，他当了皇帝，终于可以实现自己的抱负了。

于是，对土地和奴隶制度的改革，成了王莽改制的切入点和突破口。

不过，王莽的志向不止于此。他是个坚定的儒学主义者，"修身、齐家、治国、平天下"是他的终生目标。上古时期的天下大同，是他心中最美好的国家体制。他希望消灭一切不平等，让贫困者可以过上与豪强贵族们毫无二致的幸福生活。论做人，他时时向周公看齐，从某种意义上说，周公算是他的精神导师；论做事，他样样以《周礼》为行动指南，坚决不做与《周礼》违逆的事。连代汉自立，他也以符命的形式契合了儒家"天人感应"的理论。可以说，《周礼》等儒家经典对于王莽来说，就像《圣经》在基督徒心中的地位一样，甚至有过之而无不及。

一个人的知识结构对他世界观的影响是巨大的，在这个前提下，王莽的改革是完完全全的"复古改制"就不难理解了。

其实，王莽在改革时之所以复古，或者说托古，还有一个隐蔽的原因，那就是迎合当时社会中的儒家氛围。

汉武帝时，罢黜百家，独尊儒术，儒家思想便成了汉朝唯一的正统学说。大量的儒生进入仕途，掌控着国家的各级权力机关。经过一百多年的发展，到王莽称帝时，儒家的势力更加强大了。朝堂之上，几乎全是儒生。而在民间，儒家的思想也已深入人心。

王莽觉得，有了坚实的思想基础，他的复古改革一定能在舆论上得到天下人的支持，他的"天下大同"的愿望一定能够实现。

想到这些，王莽的内心一阵阵地激动。

好吧，既然万事俱备，那就事不宜迟，说干就干。

2.“王田”与“私属”

王莽首先开始了针对土地和奴隶制度的改革。

始建国元年（公元9年）的夏天，王莽发布了第一道改革诏书，诏书曰：

“上古的时候，实行井田制，一对夫妇拥有田地一百亩，缴纳所得的十分之一作为赋税，国家财政收入足够开支，而人民生活也十分富足，天下太平。到了秦朝，嬴政皇帝为了从人民身上搜刮更多的赋税供贵族们享受，于是舍弃了圣人制定的井田制，人民心中的私念被放大，开始出现土地兼并的现象。豪强地主动辄拥有土地成千上万亩，而贫苦的百姓却无立锥之地，不平等自此开始。此外，秦朝还建立了奴隶市场，把奴隶同牛马一样关在栅栏里，也同牛马一样可以自由买卖，违背了《孝经》中所说的‘天地之性人为贵’的大义。到了汉朝，也曾将赋税降低到三十分之一。但这只是名义上的，具体实施过程中，官员勒索，地方豪强巧取豪夺，实际征收的税赋比例达十分之五。百姓一年到头在田间辛苦劳作，到头来却不能果腹，而不事劳作的豪强地主家里却有吃不完的粮食，过着骄奢淫逸的生活。穷苦人只好铤而走险，去当小偷做盗贼，国家因此生乱。

“为了消灭不平等的状况，现规定：一、土地一律收归国有，改称‘王田’，奴隶、奴婢改称‘私属’。二、严禁自由买卖土地和奴隶，一个家庭中，男子不超过八人，所占田地超过九百亩的，要主动把田地分给族人、亲戚或乡邻；原本没有田地而现在分得田地的，限制标准同上。三、胆敢批评这个政策，或者煽动民众反对这个政策的，都视为违法，违法者一律被放逐到鸟不拉屎的地方接受劳动改造。"

作为上述政策的补充，王莽又规定："对于无业游民，每人每年罚布帛一匹，无力缴纳的，由政府强迫劳役。劳役期间，由政府供给衣食。"

从主观上说，王莽是想一劳永逸地解决土地兼并和两极分化严重这两个令人头疼的社会问题。其出发点是好的，但他忽视了一点：此事的执行难度太大了。

"贪婪"是人的本性，而且就大的趋势来说，是不可逆的。人可以从上古时期的不贪婪轻而易举地变得贪婪，却无法从贪婪变回不贪婪。

马克思说："资本如果有百分之五十的利润，它就会铤而走险；为了百分之一百的利润，它就敢践踏一切人间法律；有百分之三百的利润，它就敢犯下任何罪行，甚至冒着被绞首的危险。"

王莽指望地主能发扬风格，像慈善家一样把巧取豪夺来的土地免费分给穷人，无异于与虎谋皮，简直是痴心妄想。

——由此可见，从改革之初，王莽的过于理想主义的弊端就暴露出来了。他选择的是一步到位，而不是循序渐进。

果然，诏令发布后，地主们甘愿违法也继续着买卖土地和奴隶的勾当，许多人因此被发配边疆，但土地和奴隶的买卖依然红红火火。更严重的是，地主们开始联合起来，公开反对这个侵犯了他们切身利益的诏令。

先是受封于汉朝的徐亭侯刘快起兵对抗朝廷，短时间内就集合了数千兵马。接着，真定的地主豪强也在刘都的率领下举兵反抗。而朝廷内部，也有人进谏道："井田虽圣法，其废久矣。周道既衰，而民不从。秦知顺民心，可以获大利也，故灭庐井而置阡陌，遂王诸夏，讫今海内未厌其敝。今欲违民心，追复千载绝迹，虽尧舜复起，无百年之渐，弗能行也。天下初定，万民新附，诚未可施行。"

法不责众。王莽没办法，只好在三年之后宣布修改当初的诏令：王田可以买卖，买卖奴隶的也不再治罪。

这实际上相当于宣布，此项改革措施失败了。

尽管土地国有制的改革措施最终被废除了，但王莽却因此得罪了地主阶级。

而在农民那里，王莽也没有获得多少支持。自古以来，农民都缺乏安全感，所以他们有个狭隘的观念：使用权算什么，属于我的才是硬道理。尽管农民分得了土地，但他们知道这土地归国家所有，因此他们支持王莽的热情并不十分高涨。

从私心角度来说，王莽的这项改革措施，对于稳固他的统治得不偿失，弊远远大于利，这也为王莽后来的垮台埋下了伏笔。

但从公心角度来讲，王莽尊重了自己的理想和抱负，他的的确确想把新朝建设成国富民强的欢乐世界。

然而，理想与现实之间的鸿沟太大了，一步到位的结果很可能是猝死。

3. "五均"与"六管"

始建国二年（公元10年），为了更好地调控国家经济，王莽又下令实行"五均""六管"之法。

所谓"五均"，指的是在当时的六大试点城市设置专门负责物资调节的五均官。这六大城市都是当时经济最为发达的城市，包括首都长安、洛阳、邯郸、临淄、宛、成都。

五均官主要负责两件事：

一、管理控制物价。各地的五均官要在每季度的第二个月，核定出粮食布匹等各种常用物资的标准价格，称为"平价"。当市场上的物资供过于求时，政府就按成本价买进；求过于供时，政府平价卖出。

二、推行政府贷款。老百姓中办理祭祀、丧葬或欲经营工商业而缺乏资金者，可以向政府借贷。祭祀借贷须在十天内归还，不收利息。丧事借贷须在三个月内归还，也不收利息。工商贷款则收取百分之十的利息。

紧接着，王莽又推行了配套政策，这些政策与之前的控制物价和政府贷款一起被称为"六管"，即六种管理调控国家经济的政策法令。

一、征收所得税。一切工商业，包括养蚕、纺织、缝补、工匠、医生、巫、卜、樵夫、渔民、猎户及商贩等，从前自由经营，现在政府征收百分之十的所得税。

二、实行国家专卖。盐专卖、酒专卖、铁器专卖。

三、垄断货币发行权。以前，大富豪可以自行铸造钱币，并投向市场。现在铸币权收归中央，由中央政府垄断货币的发行权。

四、规定国内所有自然资源均属国家所有，由国家开采。

这些政策看起来有点眼熟吧？没错，很多措施其实就是"计划经济"，如今仍有许多国家在实施。但它的确是在两千年前的新朝出现的，这简直是个奇迹。

王莽实行的"五均""六管"之法，其目的在于加强政府对经济的调控能力，一来通过专卖制度，将政府必需的物品从社会流通中划分出来，牢牢掌控在国家手中；二来通过平价的买入卖出机制，政府可以随时调节和平抑物价，从而起到限制商人哄抬物价，以及使普通民众免受高利贷盘剥的作用。总之，它不仅是为了加强中央集权，更是为了让普通平民生活得更好。

但遗憾的是，这些政策的执行者，大多是既得利益者，他们贪腐成性，与富商巨贾狼狈为奸，使原本可能有效的政策变成了一纸空文。这样一来，王莽的"五均""六管"之法不仅没给老百姓带来实际好处，某些时候，由于官吏的敲诈勒索，反而加重了他们的负担。

成王败寇，人们只看结果，不会关注你的出发点以及过程。王莽的好心被执行者办成了坏事，人民把这笔账算到了王莽头上。

民怨在悄悄云集。

4. 币制改革与"改名运动"

如果说，之前的土地改革和"五均""六管"政策是决策正确而执行不力，那么币制改革和对于官名、地名的改名运动，就纯属把简单问题复杂化的头脑发热和附庸《周礼》的教条主义了。

先说币制改革。

不得不说，王莽有改革货币的瘾。早在他称帝前的居摄二年（公元7年），他就主导了一次货币改革。以前，人们一直使用五铢钱，也只使用五铢钱。王莽在这次改革中，新铸了错刀、契刀、大钱等三种钱币，与原有的五铢钱共同流通。其中，错刀一值五千，契刀一值五百，大钱一值五十。

相对来说，这次改革的思路还算清晰。这就好比市场上原本只流通面值五毛的人民币，但其面值太小，涉及大宗货物交易时，结算起来不方便。于是王莽增加了面值十元、五十元和一百元的新币，这在一定程度上大大提高了货币的流通和使用效率。所以，第一次币制改革是有积极意义的。

但始建国元年（公元9年），王莽却否定了之前的思路，直接废除了错刀、契刀与五铢钱，保留大钱，另外铸造了小钱，与大钱并用。其中，大钱一值五十。

又过了一年，也就是始建国二年（公元10年），王莽又有了新主意，他发明了复杂透顶的"宝货制"，并开始推行。

"宝货制"的概念复杂，而它本身又包含"五物""六名""二十八品"三个概念。只是把这些概念搞清楚，就够让人头疼的了。

"五物"指五种制作货币的材料：金、银、铜、龟、贝。

"六名"指六个货币种类：金货、银货、货泉、龟货、贝货和布货。

"二十八品"则为六种货币组成的二十八个等级：金货一品、银货二品、龟货四品、贝货五品、货泉六品、布货十品。

金货一品，即黄金一斤值一万钱。

银货二品，即银货包含朱提银和它银两个等级，分别值一千五百八十钱和一千钱。

龟货四品，即银货包含元龟、公龟、侯龟、子龟四个等级，依次值两千六百一十钱、五百钱、三百钱和一百钱。

贝货五品，即贝货包含大贝、壮贝、么贝、小贝、等外贝五个等级，分别值二百一十六钱、五十钱、三十钱、十钱和三钱。

……

此外，还有更烦琐的货泉六品和布货十品。

那些大字不识几个的农民，面对这样复杂的货币政策，该是多么无助和愤怒啊！

货币之所以产生，其原始目的就是为了交易方便。如果货币增加了交易的难度，那还不如直接以物易物了。

新朝的百姓当然不必回到以物易物的时代，他们手里有使惯了的五铢钱，于是他们皆私下使用。

但王莽颁布诏令，加以禁止。

百姓很苦恼：不是我们忘不掉前朝的五铢钱啊，实在是你造的那些货币我们学不会怎么使用啊。

于是，他们继续使用五铢钱。

王莽继续严禁。

人民火了：老子就要使用五铢钱。

王莽一看民愤实在太大，终于不再坚持了，他先是否定了"宝货制"，改用之前的大钱、小钱。

但到了地皇元年（公元20年），王莽再次否定了大钱、小钱，继续推行货布、货泉二品。

货币制度的频繁变革，使老百姓苦不堪言，也因此引发了经济混乱，加速了经济的崩溃和人民的破产，实在是一着彻彻底底的臭棋。

在王莽所有的改革措施中，币制改革使人民受苦最深，引起的民愤也最大。

那时候，人们见面聊天经常问的一个问题就是："你学会怎么使钱了吗？"

王莽频繁改革币制，只为一个目的：防止民间盗铸。但结果是，赔了夫人又折兵。

说完币制改革，再说改名运动。

所谓改名运动，指的是王莽以《周礼》为范本，把已经通用了几百年的官职、地名等改成《周礼》中记载的名字。

在中央官职中，王莽把大司农改为羲和，后又改为纳言，改大理为作士，太常为秩宗，大鸿胪为典乐，少府为共工，水衡都尉为予虞，光禄勋为司中，太仆为太御，卫尉为太卫，执金吾为奋武，中尉为军正……

在地方官职中，把太守改为大尹（或卒正、连率），都尉改为太尉，县令（长）改为宰……

王莽还引经据典，增加了许多新的官职，如在中央新置大司马司允、大司徒司直、大司空司若，位列九卿；置大赘官执掌舆服御物，后又典兵，位列上卿；设司恭、司从、司明、司聪、司睿等五大夫，等等。

王莽还改了地名。许多原本耳熟能详的地名，被换成了生僻的字眼。别说百姓不认识，就连许多官吏都搞不清楚。以至于王莽在诏令中提到某地时，必须在新名字后面注上原名。

如果说，对于王莽最初的几项改革，臣民们尽管心怀不满但仍处于观望中，以为这些措施也许最终会被证明是正确的，只是自己暂时理解不了。那么当王莽频繁改变地名、官名的举措一出，大家心里都踏实了：哦，原来并不是我们的理解力差，是他疯了。

5. 傲慢的民族政策

不知为何，王莽自始至终对周边的少数民族国家怀有赤裸裸的仇恨。在仇恨心理的控制下，王莽实行的所有少数民族政策都是愚蠢至极的。

大概是为了显示自己老大的地位，王莽在新朝建立之初，便派使者出使各国，主要任务有两个：一是通报新朝代汉的情况；二是"收故汉印绶"，"授新室印绶"。

这两件事，对于少数民族国家来说，本来不涉及利益——谁当老大都一样，只要能维持之前的关系就行。但王莽为了显示自己的威严，竟然将印绶中原本的"玺"改成了"章"。

一字之差，天壤之别。

之前，"故汉印绶"中的"玺"表明少数民族国家首领的地位与汉皇是平等的，虽是藩属国与宗主国的关系，但那是大哥与小弟的关系，辈分上是平等的。

"新室印绶"中的"章"却赤裸裸地表明，少数民族国家的首领是王莽的臣属，由兄弟关系变成了奴才与主子的关系。

"印绶"事件，埋下了少数民族与王莽决裂抗争的第一颗种子。

没过多久，王莽又出了第二个昏招，他先是把"匈奴单于"更名为"降奴服于"，接着又把"高句丽"改名为"下句丽"。

这不禁让人联想到上学时给同学起外号，比如同学名叫刘珍珍，就喊人家刘假假。

可想而知，匈奴和高句丽得知这明显带有羞辱性质的新名字时，是多么怒不可遏。于是，自汉武帝之后安宁了百年的大汉边境，重新受到了少数民族的侵扰。

王莽制定这些民族政策的本意，应该是想凸显自己天朝大国的地位，营造出"四夷来朝"的热闹景象，以证明新朝比汉朝有更大的威德，从而更好地维护自己的统治。但结果适得其反，不仅没能立威，反而促使周边小国背离。

面对这种傲慢政策引发的恶果，王莽没有反思、修正，而是一意孤行，继续实施高压，结果就是火上浇油，"东北与西南夷皆乱"。

新朝刚立，国内又进行着大的变革，王莽本可以对周边小国实行以安抚为主的怀柔政策，为国内换取安定的改革环境。可他却不顾现实，盲目按照自己的主观意愿改造世界，结果碰到的都是硬钉子。

毫无制约的权力会让人变得愚蠢，甚至把人异化。王莽就是一个典型的例证。

称帝之前，王莽是个现实的理想主义者，他知道自己想做什么，也知道该在何时做和怎么做。称帝后，他迅速堕落成一个刻板的教条主义者，他只知道该做什么，而不知道何时做和怎么做。

理想主义与教条主义只有一步之遥。于是，曾经叱咤风云、一帆风顺的王莽，越来越狼狈，越来越力不从心。

人们忍不住问：当初那个让我们大家都满意的王莽哪里去了？

抛开王莽自身的主观原因，就单纯的客观原因来说，创造利益时，完全可以做到互惠共赢，共同把蛋糕做得更大；但在分配利益时，必定是零和游戏。蛋糕就那么大，有人拿了大的一块，别人就只能拿较小的一块。

铁一般的客观规律早就摆在那里了，王莽无法让所有人满意，但他幼稚地认为，他能够让所有人满意，继而天下大同。

想让所有人满意，最终的结果是得罪了所有人。

新朝的坟墓，已经在各种不满中悄悄地动工挖掘了。

第九章　四夷蜂起

1. 匈奴"印绶"事件

王莽施行的傲慢的民族政策，致使四周的少数民族国家几乎全部与新朝反目，继而为敌。

王莽认为有了敌人，就要与之战斗，更何况敌人是些嚣张的蛮夷之国，更应该好好地教训他们。

在这种战略思想的指导下，自大的王莽开始四方出拳。这其中，最难啃的一块骨头，当属地盘和军事实力都比较强大的匈奴。

汉朝时，匈奴与中原王朝的关系时战时和。是战还是和，一则与汉朝的民族政策有关，二则与匈奴自身的强弱有关。相对来说，后者的影响力更大一点。

当初，因汉武帝的痛击、匈奴自身内讧导致的实力削弱，以及汉宣帝的怀柔政策，匈奴一直与汉朝保持着友善的关系，直到新朝建立。

本来，这种友善的关系是可以继续维持的，但王莽的妄自尊大使得沉寂了百年的北塞边境，又迎来了杀戮与掠夺。

冰冻三尺非一日之寒，新朝与匈奴外交关系的恶化，也不是一蹴而就的。是一个个小事件的累积导致了质变，从而把匈奴推向了与中原王朝彻底敌对的境地。

最初的罅隙源自一枚小小的"印绶"。

始建国二年（公元 10 年），刚刚站稳脚跟的王莽就忙不迭地派遣使者出使匈奴。这些使者主要担负着两个使命：一是通报新朝代汉的情况，二是更换赐给匈奴单于的印绶。

使者们跋山涉水、历尽艰辛，终于抵达了匈奴单于的本部。此时，匈奴的单于是栾提知。他听闻中原使者前来，急忙出门迎接，并十分客气地以礼相待。

酒宴上，主宾双方把酒言欢，其乐融融。酒过三巡，使者切入正题。他们先是告诉栾提知，大汉朝已经被新朝取代，如今的皇帝是受天命而登基的王莽。

栾提知点点头，表示自己知道了。一直以来，他对谁当中原的皇帝并无多大兴趣。不管谁当皇帝，只要送给他足够的赏赐，他就绝无二话。

接着，新朝的使者提出，让栾提知交出汉朝的印绶，接受新朝的印绶。

栾提知笑了笑，问道："有这个必要吗？"

使者也笑答："这是中原的规矩，很有必要。"

栾提知哈哈大笑："你们中原什么都好，就是规矩太多。"

说着，栾提知当即令人取来旧的印绶，欲把它交给新朝使者。

这时候，陪侍在一旁的左姑夕侯栾提苏咳嗽了一声，他对栾提知耳语道："老大，在见到新印的印文之前，不应该把旧印交出去。"

栾提知一听此话有理，便把原本伸向印绶的手伸向了酒杯，他打着哈哈，对使者说："来，咱们先走一个。"

使者比较固执，根本不接栾提知的茬儿，重申道："请先把旧印交给我。"

栾提知一看自己转移话题的伎俩没有奏效，脸上一烫，欲把旧印递给使者。

栾提苏再次提醒道："我们尚未看到新印的印文，最好别把旧印交出去。"

总是被手下提醒，对于老大来说，也是一件很不爽的事情。于是，已经有点不快的栾提知斜了栾提苏一眼，说道："你太多虑了。换印无非就是走个过场，印文怎么可能有变化呢？"说罢，便将旧印给了使者。

使者则把新印交给了栾提知。

新印被装在一只华丽的木盒子里，而且盒子外边还有一层包装，所以，栾提知并没有立即打开查看，而是搁在一边，继续陪使者喝酒吃肉，宾主一片欢颜。

栾提苏很想立即打开盒子看看，但碍于老大的颜面，不敢造次，只好继续闷闷不乐地大口喝酒。

酒宴在友好的气氛中一直持续到午夜时分。

送走使者后，栾提知在栾提苏的催促下，终于打开了那个有着华丽包装的盒子。不看不知道，一看吓一跳，新印上的印文居然是"新匈奴单于章"，而旧印上的印文是"匈奴单于玺"。

一个是"玺"，一个是"章"，档次降了一级；一个上面没有"汉朝"的"汉"，一个上面却有"新朝"的"新"，档次又降了一级。

栾提知有点恼火，但碍于已是三更半夜，不便立即交涉，只能等到天明再处理。

新朝的使者回到住处后也是心绪不宁的，其中有一个叫陈饶的，比较有头脑，他提醒大家道："如果栾提知发现印文有变，一定会讨回旧印。到时候，即便我们说破了天，他也一定会坚持己见。而且，这是在人家的地盘上，如果他坚持取回旧印，我们根本没能力阻止。"

大家都很惊慌："是啊，是啊，那可怎么办啊？"

陈饶坚定地说："为了不辱使命，只有一个办法，把旧印毁掉，到时候栾提知也奈何不了我们。"

有人表示担心："这可是在人家的地盘上啊，你说的办法可行吗？"

有人附和。

陈饶是个比较有主见的人，见众人犹疑不决，他喝道："当断不断，必受其乱。为了不辱使命，只能如此。"说罢，他举起利斧，咔嚓咔嚓把旧印剁了个稀碎。

第二天天刚亮，栾提知便派人前来交涉，来人说道："王以下的印上才有'汉'字，并称为'章'，如今汉朝新发给我们的印信，不但把'玺'改成了'章'，而且加上了'新'字，使单于与臣属没有了区别。我们老大感觉被忽悠了，请你们把旧印还给我们，我们不换了。"

众使者面面相觑，不知如何作答。

陈饶径直把被他毁掉的旧印碎片拿给来者，不卑不亢地答道："新朝顺应天命，制定新的印信，所以旧印已被毁掉。单于应该接受上天旨意，奉行新朝政策。"

来者被陈饶的威仪震慑，又自觉口才不如陈饶，辩也辩不过他，只好灰溜溜地撤了，回去向栾提知如实汇报。

栾提知一听，也是无可奈何。如今摸不清新朝的底，不敢贸然翻脸；再说，看在那么多财宝的分儿上，也不好意思对使者动粗，只能先将此事搁置。

作为回礼，栾提知派他的弟弟右贤王栾提舆带着进贡的牛马财物，随使者前往新朝，并上书新朝，请求重用旧印。

王莽当然不会答应匈奴使者的要求。

罅隙既已产生，匈奴跟新朝的关系渐渐变得冷淡；而接下来发生的一系列变故，则让匈奴彻底成了新朝的敌人。

2. 乌恒国绑架事件

汉初，西域各国一直徘徊于汉朝和匈奴之间，谁都不敢得罪。直到汉武帝将匈奴驱赶到大漠以北，又派张骞出使西域，才使西域各国更倾向于汉朝。但由于惯性，再加上惧怕匈奴重新崛起，西域的某些国家在臣服于汉朝的同时，仍保留着向匈奴进贡的传统。

比如乌恒国，便年年向匈奴进贡。

后来，在常驻西域的新朝官员的授意下，乌恒国的国王突然宣布："从今天开始，我们乌恒国再也不会向匈奴进贡了。"

当时的信息传播速度比较慢且渠道闭塞，所以，匈奴人一直不知道乌恒国国王的这个宣言。到了进贡日期，匈奴人左等右等，也没有等到乌恒国的贡品。匈奴单于便派出使者到乌恒国一探究竟，这才知道乌恒国不打算继续进贡了。

使者很愤怒，而且很莽撞，他不顾身处别人地盘上的事实，命自己的随从把乌恒国的国王绑了起来，而且还把国王头朝下悬挂在旗杆上。

是可忍孰不可忍！

见国王受辱，一直备受欺凌的乌恒国百姓愤怒地抓住了匈奴使者，并把他剁成了肉泥。

侥幸逃脱的一个使者狼狈地逃回匈奴，将这个噩耗告诉了大单于栾提知。

栾提知一下就怒了。

既然出使不成，那就只好出兵了。他立即派出一个兵团，星夜赶往乌恒国。

面对强悍的匈奴兵，乌恒国百姓像狼群中的羊羔一样无助。一番烧杀抢掠之后，匈奴人又劫走了一千多名乌恒国妇女，临走前撂下话："若想要回你们的女人，拿贡品来换。"

匈奴撤兵后，乌恒国国王急忙将此事报告给了新朝的官员，希望新朝能替他们做主。可新朝官员却支支吾吾的，既没有答应，也没有不答应。他其实也有难言之隐：相对于匈奴这样的狠角色，得罪乌恒这样的小国要安全得多。

乌恒国国王很气愤，他质问道："当初，不是你们要我们停止向匈奴进贡的吗？"

新朝官员答曰："当初，我只是给你提个建议嘛。"

既然新朝指望不上，那就只好自己解决了——没办法，谁让自己是小国呢？自古弱国无外交。

于是为了赎回被掳的妇女，乌恒国国王只好派使者给匈奴送去了贡品，并写了一封声泪俱下的道歉信。

不承想，余怒未消的匈奴人却耍起了流氓，他们将贡品照单全收，却不提释放妇女的事。被乌恒国的使者催急了，他们就答道："回去等着吧。"

使者问："等到什么时候？"

匈奴人不耐烦地回："我们哪知道你们要等到什么时候？"

使者继续问："求求你们了，给个准确日子，我好回去交差。"

匈奴人唰地拔出腰刀，威胁道："你是不是也想跟她们一起留下来？"

使者吓得屁滚尿流，只好暂且回到乌恒国。乌恒国国王听说后也是无可奈何，只能耐心等着。

恰在这时，出使匈奴的新朝使者意外发现了这些乌恒国妇女。在问明状况后，使者要求匈奴单于栾提知将这些女人送回乌恒国。

栾提知本就对交换印绶的事情很是不爽，于是反问道："是从塞内遣回呢，还是塞外？"

他的意思是，这是我们塞外之国的事情，你们塞内就别多管闲事了。

可没想到，新朝的使者是个实在人，他如实答曰："这个，我们得回去向皇帝请示。"

栾提知撇了撇嘴，没说话。

回到长安后，使者将此事报告给了王莽，王莽沉思片刻，说道："这本来就是塞外的事情，就让他们从塞外遣返吧。"

得知王莽的意思，栾提知恶狠狠地说："既然如此，那就别怪我不客气了。"

当天，他便派出十余名得力干将，率一万多名骑兵，浩浩荡荡地出发了，对外宣称是遣送乌桓国妇女。

但当大军行进到匈奴与中原接壤的朔方郡边塞之外时，他们却停下了，不仅停下了，还在那里构筑起工事。

朔方郡的郡长一看这情况，赶紧派人上报给朝廷。

王莽听闻后大吃一惊，命令道："稳住阵脚，继续观察，随时上报。"

3. 西域之变

自张骞出使西域以来，西域都护府一直是中原政府设在西域的常驻政府机构，它的主要职责是掌控西域各国的动态。王莽代汉后，此机构被沿用。

匈奴的强势反弹，使得西域各国又开始在匈奴与新朝之间徘徊。而且许多国家已经暗中与匈奴接触，打算投向匈奴的怀抱。

西域都护府及时将此情况上报给了朝廷。

为了稳住西域的局势，王莽决定派遣心腹甄丰出使西域，对西域各国进行拉拢和安抚。

但就在甄丰到达西域之前，变故发生了。

车师后王国的国王须置离准备叛离新朝，投靠匈奴，欲带领亲信家眷逃往匈奴，待事态平息后，再回到自己的地盘。

但此事被西域都护府的官员们知道了，他们在须置离出逃之前，设计将他骗到了府上，并杀害了他。

事后，须置离的哥哥狐兰支，带着须置离的家眷及两千名忠心耿耿的士兵逃到了匈奴。已经打定主意要与新朝为敌的匈奴单于栾提知，不仅痛快地接受了狐兰支关于政治庇护的申请，还义薄云天地派出部队与狐兰支的军队组成联军，攻击驻扎在车师国内的新朝官员，以为须置离报仇，结果造成新朝官员一死一伤。

见匈奴来势汹汹，新朝的低级军官陈良、终带、韩玄等人为了保命，秘密策划斩杀了自己的上司刁护，投靠了匈奴。栾提知当即授予了陈良等人官职。

——王莽得知后雷霆大怒，下诏讨伐匈奴。

一场旷日持久的拉锯战拉开了帷幕。

按照计划，王莽将任命立国将军孙建为大元帅，带领十二位将军，提兵三十万，陈兵北方边境，随时待命。

王莽的志向是远大的，但三十万不是小数目，而且一个萝卜一个坑，现有士兵都有自己的守土职责，不可能调离原驻地，去北方对付匈奴。

没办法，这三十万兵力只能靠临时招募。由于兵源不足，招募的对象甚至包括囚徒。

即便把门槛放得如此之低，招兵也不是一蹴而就的事，而且王莽一定要等这三十万兵马全部到位，才出兵击敌。这样一来，先期到达的士兵只好屯兵边境，耐心等待凑齐三十万人的那一天。

要供养囤积的兵马，需要大量粮草。于是，全国各地的粮草源源不断地向边境运去。

就普通老百姓而言，没人真心喜欢打仗。所以，此事可谓劳民伤财，其结果就是百姓怨声载道。

更具讽刺意味的是，直到王莽垮台，这三十万人马也没有凑齐。

仅仅从这件事就可以看出，王莽对于军事确实是一窍不通的。

——这也是他全盘皆输的一个重要原因。

4. B计划

就在征兵的同时，王莽还有一套B计划配合实施。B计划是离间计，具体的做法是：单方面把匈奴划分成十五个小国，然后物色十五个匈奴王族后裔分任各个小国的单于。

王莽认为，这样可以挑起匈奴的内战，从而削弱他们的实力。

客观来说，这倒不失为一条好计策。

为此，王莽派出中郎将蔺苞、副校尉戴级，领兵一万多，进驻与匈奴接壤的云中边塞。此行，蔺苞、戴级不仅带着士兵，还带着大量的金银财宝，其任务就是渗透进匈奴内部，收买匈奴王族后裔，让他们充当王莽的傀儡。

还别说，此举居然很快奏效了。第十四任老单于的幼子栾提咸，被蔺苞派出的间谍收买，带着自己的两个儿子栾提助和栾提登前往云中边塞，表示愿意接受王莽的分封。

王莽闻讯后十分高兴，立即封栾提咸为"孝单于"，栾提助为"顺单于"。栾提登因年龄太小，没有立即获得封号。

分封完毕后，栾提咸爷仨并没有返回匈奴，而是被新朝政府的马车送到了长安。直到这时，栾提咸才恍然大悟，他们实际上是被王莽软禁了，成了名副其实的傀儡。

匈奴现任单于栾提知听闻王莽分封新单于的消息后，怒发冲冠，当即发布外交宣言："我们匈奴子民受的是汉朝宣帝刘询的厚恩，世代不敢辜负。现在中原的皇帝不是刘氏的子孙，而是篡夺帝位的王莽，我们要为刘氏复仇。"

栾提知马上派出数名得力大将，各自领兵，分兵几路，向新朝的边塞发起了猛烈攻击。

面对匈奴的攻击，新朝进驻边塞的各路大军仍然按兵不动，因为三十万大军尚未招募完成。

当然，其中也有不听话的。

针对王莽的军事教条主义，大将严尤提出了自己的看法，他上书王莽道："现在边境情势危急，我建议已经集结边塞的部队先行发起攻击，微臣愿意率部深入匈奴腹地，以雷霆万钧之势，给予匈奴重创，使他们的军队不敢再轻举妄动。"

但王莽不予理睬，坚持等三十万大军集结完毕后才可以出兵，少一个人都不行。

严尤无可奈何，只能眼睁睁地看着匈奴人在边境线上烧杀抢掠。平静了一百多年的北方边塞，再次传来鬼哭狼嚎。

北方边境战火纷飞，南方边境也不得安宁。

王莽即位后，把西南的少数民族国家句町国的国王降级为"句町侯"。该国王大怒，当即宣布与新朝断绝了外交关系。

为了表示惩戒，王莽派人将这个国王给杀了。国王死后，国王的弟弟即位，宣布新朝为句町国的敌人，并起兵攻打与之接壤的新朝郡县。

王莽根本没把小小的句町国放在眼中，他觉得无须调派中央军，只要令当地郡县政府发兵讨伐即可。但当地郡县的官兵一直没从句町国身上占着什么便宜，双方陷入胶着状态，一时难分胜负。

北方乱，南方乱，西方乱，东方也不安宁。

当时，为了对付匈奴，王莽曾强行征调高句丽的士兵迎战。但高句丽的国王不是傻子，这种给别人当炮灰的傻事他才不干呢，于是拒绝了王莽的要求。

被拒后的王莽觉得很没面子，便要无赖威胁人家："你要是不出兵，我就派兵打你。"

高句丽国王一看，咱谁也打不过，干脆跑路吧。于是，他率部众一路往东北方向奔去，最后出了边塞，当起了侵扰新朝边境的盗贼。

东方也不安宁了。

不过，混乱中偶尔也会传来零星的好消息。

5. 峰回路转

始建国五年（公元 13 年），一直坚持与王莽为敌的匈奴单于栾提知突然病逝了。

栾提知的死，使匈奴出现了短暂的权力真空。每到这个时候，当权的大臣就会发挥巨大的影响力。而匈奴此时最有权势的大臣，正是王昭君的大女儿栾提云的夫君。

王昭君，这个名列中国古代四大美女之一的女人，自汉元帝时嫁到匈奴后，一直扮演着和平使者的角色。

耳濡目染下，王昭君的女儿栾提云也主张以和为贵，希望匈奴与中原相敬如宾、互惠互爱、保持和谐。栾提云的丈夫也深受栾提云的影响，而且，他与被王莽封为"孝单于"的栾提咸关系密切。于是，他发挥自己的巨大影响力，拥立栾提咸为新任的匈奴单于，并对他寄予了和平的厚望。

前面提到，栾提咸被软禁在了长安。但他运气不错，寻了个机会，顺利跑回了匈奴。回来没多久，栾提知就病逝了，他随即被立为新一任单于。

但问题是，他的俩儿子还被困在长安呢。

所以，当栾提云提出与中原和解时，他答应了，条件就是让自己的俩儿子安全回到匈奴。

但很遗憾，王莽已经不可能满足栾提咸的条件了。不是他不想，是他无能为力。

栾提咸逃跑后不久，他的大儿子就病逝了，而他的小儿子，则因栾提咸逃跑，成了王莽的刀下之鬼。

当栾提咸得知自己的一双儿子已经不在人世的时候，他悲痛得差点儿昏厥过去。和平再一次成了泡影。失去理智的栾提咸不顾众人劝阻，下令对新朝的边塞发起了更猛烈的攻击。

好在还有王昭君的女儿栾提云，以及她那权势滔天的丈夫。

见栾提咸因为丧子而大开杀戒，栾提云的丈夫劝他冷静点。

几番劝阻后，栾提咸还是不冷静，栾提云的丈夫火了，直接问道："你还记得你的王位是怎么得来的吗？"

这句话的弦外之音十分直白：我可以把你扶上王位，也可以把你从王位上赶下来。

这下，栾提咸冷静了。他再次向新朝发出和解的信号，这次依然有个条件：归还一双儿子的尸首。

这个完全不算难事。王莽当即派出盛大的出使团队，用上等的棺木装着栾提咸儿子的尸首，以及大量的金银财宝前往西域。

至此，北方边境线上的战火终于告一段落。

归根到底，此次战争平息是王昭君的功劳，而当初送昭君出塞的，就是汉元帝，王政君的丈夫。

相当于，还是王政君帮了王莽的忙。

不得不说，王政君真是王莽命中的大贵人。

不过，栾提咸的罢兵仅仅是暂时的，战火仍然时常燃起。直到王莽被杀，边境也没有消停。

第十章　天下大乱

1. 绿林与赤眉

国内改革的失败，边境连年的战争，再加上接踵而至的旱灾、水灾，让刚刚建立没几年的新朝处于风雨飘摇之中。

面对这些棘手问题，王莽束手无策。曾经那个战无不胜的幸运儿，此时成了命运的弃儿。

历史规律告诉我们，每当这个时候，就该有人跳出来了。

天凤四年（公元 17 年），荆州发生大饥荒，饿殍遍野。为了活命，新市（今湖北省京山县）的王匡、王凤揭竿而起，率众攻击附近的官府以及豪族，抢来粮食，以绿林山为据点，建立了第一支大规模反抗新朝的农民武装力量——绿林军。

听说参加绿林军可吃饱饭，方圆几十里的青壮年纷纷前来入伙。短短数月，绿林山上就聚集了数千人。他们唯王匡、王凤马首是瞻，勇不可当，每战必克。

此事非同小可，当地官员赶紧上报朝廷。

得到奏报的王莽不愿相信自己的子民会聚兵反对自己，他觉得这些人只是在走投无路的情况下采取了比较偏激的办法，目的是活命，而不是与自己作对。鉴于此，他将此事定性为人民内部的矛盾。既是内部矛盾，那就应该以说服教育为主。于是，王莽派出钦差大臣，希望他能用三寸不烂之舌瓦解这支年轻的队伍。

王莽对这个问题的判断，基本是正确的，但他忽略了一点：绿林军既然是为了活命而起事，那他们需要的就是粮食，而不仅仅是简单的说服教育。

在意料之中，王莽派出的大臣没能完成使命。

从王莽称帝后的许多举措来看，他一直在重复同一个错误：忽视了应该重视的，重视了应该忽视的。

没过多久，天凤五年（公元18年），琅琊人樊崇也在莒城（今山东省莒县）聚众起兵。开始的时候，只有区区几百人，但在不到一年的时间里，就迅速扩大到了一万多人。这支队伍，正是"赤眉军"的前身，日后将成为盘踞在青、徐二州的主要起义力量。

至此，埋葬王莽新朝的两支大军已经全部就位，接下来，他们要做的就是继续壮大，直到击败所有官兵，攻到长安城，把王莽送上黄泉路。

其实，起义军都是没有文化的底层民众，他们聚众起义，并不是为了什么政治诉求，或者说为了推翻王莽建立一个新的王朝，他们唯一的目的就是填饱肚子，生存下去。有些人甚至天真地想，待灾害过去，能有口饭吃了，就金盆洗手，回去继续当顺民。但是历史没有给他们回头的机会。

等王莽意识到问题的严重性时，已经为时过晚了。放眼天下，那些原本在家种地交税的青壮年，纷纷放下了锄头，拿起了刀剑。

王莽不禁惊出一身冷汗。

他急忙下令，命地方官员派兵全力围剿。

地皇二年（公元 21 年），荆州牧派出两万官兵，准备攻击绿林军的老巢。

绿林军首领王匡闻讯后，率部主动迎战。结果，双方在云杜（今湖北省沔阳县）遭遇。

绿林军的士兵从未与如此规模的官兵遭遇过，战前有点战战兢兢。一交手他们发现，官兵也不过如此，于是一鼓作气，将荆州的两万官兵杀了个落花流水，荆州牧只好领着残兵败将仓皇逃回荆州老巢。

对于绿林军来说，此战意义非凡，他们不仅获得了大量供给，可以继续扩充队伍；还让他们第一次认识到自己的实力，有了巨大的信心。

以前，有胆小者欲投奔而不敢，有观望者欲投奔而犹豫，现在好了。"连官兵都奈何不了他们，咱们可以放心入伙了。"人们如此奔走相告。

很快，绿林军就发展到了五万多人。

绿林军如日中天，赤眉军也没有闲着，但他们的运气显然没有绿林军好，因为绿林军遇上的是猪一样的对手，赤眉军遭遇的却是神一般的对手。

赤眉军的这个强劲对手，名叫田况。

2. 牛人田况

田况是翼平郡（今山东省诸城市）的郡长，官职不大，但本事不小。

眼看着自己的上级是酒囊饭袋，而自己智勇双全却无兵可带，血气方刚的田况决定单干。他自作主张，招募了大批十八岁以上的青年壮丁，组成"田家军"，以保护郡政府和郡中的豪族富人免受赤眉军的侵扰。

田况的名声向来不错，而且拥有郡长的身份，另外跟着他还有肉吃，很快，他就招募到了四万多人。

田况给他们发武器，领着他们日夜操练。

赤眉军的首领樊崇听说后，决定给田况一个下马威，派出一队人马攻打翼平郡。

结果，赤眉军没从田况身上占着一点便宜。

樊崇下令，赤眉军各部不准踏进翼平郡半步。

田况首战即胜，声名远播，郡中的富人们欢欣鼓舞，拿出更多的钱财给养田况的军队。有了钱，队伍扩张的速度更快了，田况的威名也越来越远播。

这时，田况身边的一位谋士却悄悄跟他说："你得低调。"

田况觉得他很扫兴，十分不高兴地反问道："胜利者为什么要低调？"

谋士却不慌不忙地问他："帮你获得胜利的士兵从哪儿来的？"

田况脱口而出："招募……"

说到这里，他突然明白了谋士的意思。

是啊，在没有获得朝廷授权的情况下，私自招募士兵，这是死罪啊！

田况一把抓住谋士的手臂，急忙问道："我该怎么办？"

谋士告诉他："尽管私募士兵是死罪，但现在是非常时期，关键是你取得了胜利，所以，只要你主动上报朝廷，做出深刻的自我批评，我想坏事可能就变成了好事。"

田况当即依计而行，在奏折中，他深刻而全面地做了自我批评，对于自己的胜利却绝口不提。

田况知道，这胜利不需要他提，他的那些不要脸的上级们早就把它当成自己的功绩报上去了。

王莽看到奏折后，点了点头，对田况很是赞赏。但军法还是要维护的，于是王莽下诏道："田况在没有获得朝廷允许的情况下，私自招募军队，违反了军法，按律当斩。但念在他杀贼有功，功过相抵，暂时不予处置。"

收到王莽的诏书，田况兴奋异常，这相当于委婉地承认了"田家军"的合法性，他焉有不兴奋之理？

大受鼓舞的田况燃起斗志，他发誓要带领"田家军"奋勇杀敌，报效朝廷。

"田家军"开始走出郡县，冲向本州，甚至冲向相邻的州郡。

兵锋所指，所向披靡。一时间，赤眉军闻田况之名而丧胆。

田况获胜的喜讯，源源不断地传到王莽耳中，他当即下诏："令田况暂时代理青州和徐州二州的州长。"

获得了王莽的信任，又升了官，田况有点飘飘然。同时，也是为了报答王莽的知遇之恩，田况决定上书朝廷，大胆直言自己对于平定叛乱一事的想法和意见。

在奏折中，田况说道："叛乱之所以发展到今天的规模，有着深刻的原因。刚开始，叛乱的人数和规模都十分微小，但地方政府并没有给予足够的重视。待叛军渐渐壮大，各级官员又采取了欺上瞒下的手段。叛军有一百人，就上报只有十人；叛军有一千人，则上报只有一百人。中央受到蒙蔽，没有认识到它的严重性，从而酿成了今日之祸。"

看到这里，王莽微微皱了皱眉头，心想："你的意思是说我昏聩无能，很容易被欺骗吗？"

王莽接着往下看：

"事已至此，唯有积极应对。我建议立即在地方官员中选拔有军事才能的人，然后施行坚壁清野的政策。对于离城市较远的乡村，或者无法固守的小城，都应该把其中的百姓和粮草转移到附近的大城市中，然后坚守大城。叛军若是前来攻城，必然难以攻破；若他们不攻城，四处流窜，也抢不到粮草。长此以往，肯定难以持久。到那时，主动权就在朝廷手里了。若想招安，他们在走投无路之下必然投降；若想剿灭，他们在饥饿疲惫之下也定然毫无战斗力。"

看到这里，王莽再次皱了皱眉头，心想："想法倒是不错。但如此一来，岂不是人心大乱，国将不国？"

想到这，王莽已经有了决定。他不仅丝毫未采用田况的意见，还将田况调到了首都长安，当了长安一个区的区长。

王莽说这是高升。

而田况的数万兵马，则被王莽派去的人接管了。

俗话说得好，兵熊熊一个，将熊熊一窝。田况走后，"田家军"在新帅的带领下，每战必败。不久后，就全军覆没了。

远在长安城的田况听说此消息后，茶饭不思，悲痛异常，但除了无语泪先流之外，别无他法。

最高兴的当数赤眉军了。从此，他们在青、徐二州所向披靡，再也没有遇到过像样的对手。很快，就把地盘扩张到了兖州、豫州等地。

不断壮大的赤眉军此时已经变得有组织、有纪律，一个典型的表现就是：军队内部开始自上而下地授予名号，以区分上下级。最高的名号为"三老"，其次是"从事"，再往下是"卒史"。

有了等级区别，他们就不再是乌合之众，而是组织严密的军事力量了。

有了这个转变，他们的战斗力会提升到新的高度。

3. 赤眉军大败官兵

眼看赤眉军渐渐成了气候，王莽有点慌乱了。他不再将此视为人民内部的矛盾，也不再将剿匪的希望寄托在地方官兵身上。

地皇三年（公元 22 年）四月，王莽决定派太师王匡、更始将军廉丹，率领十余万大军，前去讨伐叛军。

为了在作战时分清敌我，赤眉军的首领樊崇下令，所有人员都要用朱砂把眉毛涂成红色，号称"赤眉"。

赤眉军的称呼，就是自此开始的。

王匡率领十余万大军，从长安城浩浩荡荡地出发了。一路上，军纪废弛，作风懒散。叛军没消灭几个，把所过之处的老百姓折腾得够呛。以至于人们纷纷奔走相告："宁肯碰上赤眉军，也不愿意遇上王匡和廉丹的军队。"

民心所向，可见一斑。

直到本年七月，王匡、廉丹的军队还处于行进和备战阶段，没有进行过哪怕一场像模像样的战斗。

王莽听说后，愤怒不已，又心急如焚。

他强压怒火，给王匡、廉丹发了一封急诏，催促他们速战速决。

诏书中写道："粮食已经快耗尽了，国库也已经空虚，而你们竟然还未发动哪怕一次像样的进攻。你们身负朝廷重任，如果不能战死沙场，就是辜负了朝廷。"

王莽虽然没有直接使用凌厉的言辞，但平和的话语里却绵里藏针，尤其使用了"战死沙场"这样的词语，令王匡和廉丹不寒而栗。

廉丹来到王匡的营帐，说道："太师，看来咱们必须得大干一场了。"

王匡还想拖："我觉得也未必吧，将在外军令有所不受。"

廉丹急了："太师啊，可将在外一仗不打也说不过去啊。"

最后，在廉丹的坚持下，王匡终于答应，尽快寻得一支赤眉军主力，然后漂漂亮亮地打一仗，算是给王莽一个交代。

恰逢此时，无盐（今山东省东平县）人索卢恢聚众起兵，杀死县长，占领县城，对外宣称是响应赤眉军的号召。

消息传到王匡、廉丹这里，二人大喜。据报，索卢恢的军队只有一万多人，而且因为刚刚起兵，战斗力弱，组织化程度也不高。与真正的赤眉军相比，这是一只名副其实的软柿子。

王匡掂量了一下，然后胸有成竹地对廉丹说："就打无盐县城了。"

廉丹也表示赞成。

王匡、廉丹带领大军兵临无盐县城城下，将城池团团围了起来。

面对城下的十多万大军，索卢恢毫无惧色，号令部下道："如今，这座城池已经被新朝的军队重重包围，我们毫无退路，唯有坚守城门，与之决一死战。王匡、廉丹者，无能鼠辈也。十万大军，亦是酒囊饭袋。我愿与诸位众志成城，奋勇杀敌。"

义军们备受鼓舞，跟着喊道："奋勇杀敌！奋勇杀敌！"

声震寰宇。

但打仗是个非常实在的事情，尤其是在冷兵器时代，固然有少数以少胜多的著名战例，但大多数情况下，双方力量的对比基本上就决定了最终的胜负。

在外无援兵，内无粮草的不利条件下，索卢恢带领一万多名刚刚放下锄头没多久的将士硬是坚守了两天两夜，但还是没能抵挡住十万大军的轮番攻击，最终城门洞开。

义军首领索卢恢连同那一万多名义军，全部被屠。一时间，无盐县城里鬼哭狼嚎，血可漂橹。

终于打了一场大胜仗，王匡立即派人快马加鞭，把这个喜讯报给王莽。

王莽闻讯，喜不自胜，当即派出一名中郎将，携带诏书，亲自到前线宣布了对王匡等人的嘉奖。王匡、廉丹被封为公爵，另有十多名有功人员也受到了不同程度的嘉奖。

看着喜气洋洋的将士们，王匡有点飘飘然，不禁嘲笑起曾经胆怯的自己。

攻下无盐县城没几天，王匡决定再干一票大的。这次，他把目光投向了梁郡（今河南省商丘市），那里驻扎着数万名赤眉军，其首领名叫董宪。

王匡把这个令他兴奋不已的想法告诉了廉丹。

廉丹毕竟是个久经沙场的武将，对于军事规律有着基本的了解，所以，他皱着眉头说："我们刚刚攻下一座城池，士兵们已疲惫不堪，是不是应该歇息几天再说？"

王匡打断了他，叫嚣道："你这是怯战。我们不能停歇，我们要从一个胜利走向另一个胜利。"

廉丹辩解道："可是……"

王匡再次粗暴地打断了他："没什么可是不可是的，皇上一直催促我们进攻，我这是奉旨办事，难道你想抗旨吗？"

话说到这个份儿上，廉丹不敢继续持反对意见了，只好违心地同意了王匡愚蠢的决定。

王匡大军尚未走出无盐县的地界，就在一个叫作成昌的地方，与前来复仇的赤眉军狭路相逢了。

王匡命大军仓促应战。由于刚刚打完一场硬仗，官兵们疲惫不堪，战斗力急剧下降，而赤眉军是有备而来，斗志昂扬。结果，双方甫一交战，官兵就溃不成军，最终大败。

王匡见情况不妙，扭头就要逃跑。廉丹挡住他，怒喝道："大丈夫可以马革裹尸，怎么可以临阵脱逃？"

王匡嗫嚅道："做人不能太幼稚，留得青山在，才能有柴烧。"

廉丹知道阻止不住，就把自己的将军印信交给了他，说道："你可以跑，我不可以。我是将军，我要与我的士兵并肩作战。"说罢转身离去，继续投入到血战之中。

兵败如山倒。尽管廉丹身先士卒，但终究无法扭转战局。最终，他命丧沙场。他手下的二十多名将领，全部壮烈牺牲。

王匡、廉丹兵败的消息传到朝廷后，王莽震惊不已。他简直不敢相信自己的耳朵，堂堂十万朝廷官兵竟然被一群乌合之众打败了。

想到之前的轻敌心理，王莽懊悔不已。

他开始做最坏的打算。

一方面，王莽派出国将哀章与王匡的残兵败将会合，继续在东边讨伐赤眉。另一方面，他开始在长安城外布置兵力把守。命大司马董忠加紧训练军队，以保障首都的安全。

此外，他令大司空王邑兼任三公之职，统领调度天下兵马。

——直到此时，王莽才真正意识到问题的严重性。但当初的星星之火已经可以燎原了，现在要想扑灭这场大火，已经是不可能的了。

4. 绿林军之劫

俗话说，风水轮流转。曾几何时，绿林军的运气要远远好于赤眉军。但就在赤眉军大败王莽中央军的时候，绿林军的将士们却经受着起义以来最大的挫折。

地皇三年（公元 22 年）的夏天，绿林军内部发生了重大瘟疫。转眼间，接近三万人被瘟神夺去了性命。这个数字，几乎相当于绿林军兵力的一半。

绿林山已成了一座人间地狱，他们肯定无法继续在这里待下去了。

几个首领商量后决定分头带兵下山，把起义的火种撒向四方。

其中，王凤、王匡等领兵两万，进入北部的南阳（今河南省南阳市），称为"新市兵"。王常、成丹领兵一万，转移到西面的南郡（今湖北省江陵县），称为"下江兵"。

绿林军遭此大劫，当地官员欣喜不已。他们一刻也不敢耽误，立即派人把这一喜讯报给了王莽。

王莽闻讯，亦惊喜不已。他在心中对自己说："看来，这是老天要帮助我啊。"

想到这，王莽决定趁绿林军正遭遇大难，派大军一举将其剿灭——大将军孔仁，负责追剿进入河南地界的"新市兵"；大将军严尤、陈茂，负责剿灭留在湖北境内的"下江兵"。

对于此番围剿，王莽胸有成竹，他觉得绿林军已经是强弩之末，必定能一触即溃。他甚至乐观地预测，不出半年，绿林军之患将彻底消除。到时候，天下之乱就荡平了一半。

不过，王莽只派出大将，却不给他们一兵一卒，所有的兵士都得由他们自己招募。更不可思议的是，他让大将们招兵，却不发给他们调动军队的虎符。没有虎符，这些大将想有所行动，必须事先向王邑请示。

一直以来，王莽只把兵权交给自己绝对信任的人。之前，他夺了田况的兵权。如今，他又限制了严尤等人的兵权。

受此不平等待遇，心直口快的严尤抱怨道："让我们带兵打仗，却不给我们虎符，万事皆要请示报告，这跟用绳子套住猎狗的脖子，却要他们猎捕野兽有什么区别呢？"

——这个小小的插曲，似乎已经预示，剿杀绿林军的行动不会如王莽预测的那样顺利。

就在严尤等人尚处于征兵阶段时，王凤率领"新市兵"猛攻随县县城（今湖北省随县）。为了响应王凤，随县附近的平林人陈牧、廖湛也聚众起义，眨眼间就聚起数千人，并且不断壮大，号称"平林兵"。

严尤果然是一名悍将，即便受百般束缚，他依然首战即大破"下江兵"，逼迫王常、成丹领着残兵败将退到菱溪（今湖北省随县北部），继而流窜于青山绿水之间，只能与官兵进行游击战。

不久后，"下江兵"的兵员得到补充，又恢复了昔日的雄风。他们与前来围剿的荆州官兵打了一场遭遇战，结果，荆州官兵大败。

大难不死的绿林军，在经历了一场大瘟疫后，不仅没有一蹶不振，反而阴差阳错地扩大了地盘，壮大了力量。

这大大出乎王莽的意料，他派兵之初的雄心壮志再次落空。

第十一章　刘秀起兵

1. 打仗亲兄弟

直到此时，搅得天下大乱的义军还多是目不识丁的流民。他们起义的目的简单而朴素，那就是为了填饱肚子。即使后来队伍发展壮大了，他们依然缺乏长远的规划。这先天的缺陷，注定他们难成惊天大事。

但到了地皇三年（公元 22 年），身为地方豪强贵族的刘秀兄弟也揭竿而起后，起义军的档次立即提升了。推翻王莽的新朝，匡扶汉室江山，第一次成为起义军的战略目标。

刘秀，南阳郡人，是汉景帝刘启的后裔。他自幼丧父，与自己的两个哥哥刘縯、刘仲一起，由叔父刘良抚养长大。

刘秀自幼性格内向，老实本分，很不显眼。但他生来有奇相，"隆准日角"。

宛城有个人叫李守，擅长相面占卜。一次，他对儿子李通说：“刘姓皇族会重新崛起，到时候咱李姓之人会当他们的辅佐大臣。”

后来，绿林军中的“新市兵”来此，让南阳郡的青年们个个内心躁动，摩拳擦掌，跃跃欲试。

李通有个堂弟叫李轶，是个胸怀天下的热血青年。一天，他对李通说：“哥，你知道现在最时髦的职业是什么吗？”

李通思索了一会儿，答曰：“演艺？”

李轶摇头。

李通继续答：“金融？”

李轶继续摇头。

李通又思索了一会儿，笑答：“我知道了，肯定是房地产。”

李轶仍然摇头。

这下可把李通难住了，过了一会儿，他怯生生地再次答道：“不会是作家吧？”

李轶乐了：“你这个答案倒是十分时髦。”

“那你说是什么？”

李轶慷慨激昂地说道：“如今最时髦的职业是造反，学名叫作起义。如今天下大乱，看这趋势，刘氏皇族肯定能夺回江山。我等热血青年，能赶上这样的时势，实在是造化。我们不能辜负这造化啊，必须做点什么。”

李通被李轶说兴奋了，他点头如捣蒜一般：“没错，我爹也说过类似的话，他还说，咱李姓的人会成为刘姓的辅佐大臣。”

李轶两眼放光：“是吗？看来，一切都是天意啊。咱们南阳郡的刘縯、刘秀兄弟，就是刘氏皇族的后裔啊。而且，他们素有名望，很受人尊重，我觉得可以跟他们共商大事。"

李通高兴地说："咱哥儿俩所见略同。正好，我与刘秀相识，改日找他聊聊这事。"

无巧不成书。就在李通、李轶兄弟俩说完这番话的第二天，刘秀就到宛城来了。李通立即把刘秀请到家中，然后派人叫来李轶。

相同的热血，相同的抱负，以及相似的价值观，让这三人一见如故。酒酣脑热之际，哥儿仨商讨起举兵大事。

李通说，立秋那天，南阳郡将举行一年一度的阅兵仪式，到时候前来围观的人肯定众多，咱们可以趁机劫持郡长，然后登高一呼，宣布起义，到时肯定会有很多人加入。

刘秀、李轶皆赞同李通的方案。最后，三人商定，由李通负责在宛城进行起义前的筹备工作，李轶则跟随刘秀回到他的老家春陵（今湖北省枣阳县），联络当地的豪强地主，共同举事。

刘秀的大哥刘縯，虽然与刘秀一母同胞，但与刘秀性格迥异。

王莽代汉后，刘縯一直愤愤不平，张口闭口都是"吾定要恢复大汉江山"等豪言壮语。他平日里不仅不事生产，没有收入来源，还散尽家财，结交天下豪杰。

他说自己做的这一切，都是为了匡扶刘氏江山。

所以，当刘秀返回春陵，把自己意欲起兵的想法告诉刘縯后，这个向来瞧不起自己亲弟弟的大哥，眼中居然泛起了泪花。

他紧紧抓住刘秀的手，动情地说道："我一直以为你是个废物，没想到你也胸怀大志啊。我太欣慰了。举兵起义，恢复汉室江山，这事我已经盼了很久了。"

刘秀笑了笑，说道："别废话了，咱们赶紧行动起来吧。"

于是，刘縯把平日里结交的豪杰、包养的门客，以及当地的热血青年，全都请到了自己家中，然后慷慨激昂地发表了一番演讲。

他说："王莽暴虐，百姓分崩。今枯旱连年，兵革并起。此亦天亡之时，复高祖之业，定万世之秋也。"

众人听罢，个个亢奋不已，纷纷表示愿意与刘縯一起干一番惊天动地的大事。

集会完毕，众人都回到自己的地盘上招兵买马，为举兵做最后的准备。

起义是件需要大量人力物力的事情，所以，不能仅仅依靠热血青年，还得依靠普通青年。但普通青年有个特点，那就是胆小怕事，所以，当刘縯邀请他们入伙的时候，他们纷纷退避，并埋怨道："刘縯这个混蛋是要害我们啊。"

对此，刘縯一筹莫展。

这时，一直不吭声的刘秀出场了。他穿上已经打造好的将军制服，骑着威武的高头大马，在春陵的主要街道上遛了一圈。

普通青年向来知道刘秀的为人，于是问他："刘秀，你干吗穿成这个样子？拍戏啊？"

刘秀答道："非也。我参加义军了。"

众人皆大惊。

很快，刘秀入伙的消息传遍了大街小巷。

青年们奔走相告："连刘秀这样老实本分的人都参加了，我们还怕什么？"

"没错。再怎么说，我们也比刘秀勇猛吧？他都参加了，我们再不报名就说不过去了。走，同去，同去。"

于是乎，刘缜家门庭若市。

队伍刚刚建立起来，刘缜就设立了司令部，并封自己为"柱天都部"，即顶天立地的总司令。接着，他又设置了各级军官。起义队伍从诞生之初就具备了正规军的气质。

刘缜、刘秀兄弟的队伍建立得很顺利，李通就没有这么好的运气了。没等招兵买马，李通准备起义的消息就泄露了。幸亏他跑得及时，没被抓住，可他的父亲以及家中亲人却遭殃了，他们全被捉去斩首示众了。

有革命就有牺牲，此言确实不假。

2. 宛城之败

刘缜的队伍只有七八千人。靠着这点人马，想跟官兵对抗，胜算几乎为零。所以，刘秀建议团结就是力量，需要跟其他起义军联合。

刘缜采纳了刘秀的建议，他派出同族的刘嘉，与"新市兵""平林兵"的首领接洽，商定合兵一处，共同与新朝的官兵作战。

王凤、陈牧等绿林军首领求之不得，他们把刘缜当成了投靠者。他们不知道刘缜、刘秀拥有远胜他们的见识和能力，所以，这仅仅是联合，而不是所谓的投靠。

联合后的力量是强大的。很快，联军就攻克了唐予乡（今湖北省枣阳市北），杀死湖阳尉。接着，乘胜北进，攻克了棘阳（今河南省南阳市南）。

但在联合的过程中也是容易出现问题的。就在杀死湖阳尉后不久，联军内部就出现了内讧。

内讧的起因很简单：分赃不均。

对于"新市兵"和"平林兵"来说，通过作战抢得财物，然后分配财物，是他们勇往直前的最大动力。但刘縯并不赞成立即把财物分掉，他的意思是分掉其中一小部分，把大部分留下来用于招兵买马。他说："否则，我们跟土匪有什么区别？"

也许是他的这句话刺激到了原本就是土匪的绿林军，群情激奋。

有人说："我们就是土匪，你想把我们怎么着？"

有人说："瞧瞧，他是看不起咱们。"

最终，绿林军哗变，纷纷要求掉转长矛，向刘縯的"刘家军"开战。

眼看着事情越闹越大，刘秀再次出场。他说服刘縯，把所抢的财物全部交给绿林军，自己分毫未留。

一开始，刘縯坚决不从，他骂骂咧咧地道："凭什么便宜这帮人？"

刘秀说："因为他们人多。"

刘縯继续破口大骂："人多？人多就了不起啊？"

刘秀冷静答道："没错。"

听了刘秀的回答，刘縯不吭声了，算是默认了弟弟的方案。

见刘秀把财物全部分给了自己，绿林军的将士们欢天喜地，纷纷竖起大拇指，夸奖道："嗯，刘秀是个好人啊，比他那财迷哥哥强多了。"

刘秀听后，无奈地一笑。

一场差点儿酿成大祸的内讧危机总算是消弭了。拿到财物的人们收起愤怒，继续勾肩搭背，称兄道弟。

但刘縯因此大受刺激，他一面说着"竖子不足与谋"这样抱怨的话语，一面暗下决心，要迅速壮大，然后自立，不再受别人的窝囊气。

十一月时，刘縯把目光转向了南郡的政府驻地——宛城。并且，他决定抛开那帮讨厌的绿林军，自己单干。

对于刘縯的冒险主义，理智的刘秀表示了坚决地反对。

他对刘縯说："以咱们这点人马，单干是最愚蠢的选择。而且还要攻击宛城，那就是愚蠢到极致了。"

刘縯被气得浑身发抖，他指着刘秀："你，给我滚出去。"

刘秀也不示弱："事实会证明，你是愚蠢的，我是正确的。"

刘縯拔出了佩剑："快点滚。"

刘秀嗖的一下不见了。

刘縯一意孤行，最终还是下达了向宛城进发的命令，可没等抵达宛城，"刘家军"就在城南十八里的地方与前来迎敌的官兵遭遇了。

官兵由郡长甄阜和司令官梁丘赐亲自率领，有十多万人，而且兵强马壮，作战能力极强。所以，刘縯那不到一万人的"刘家军"，根本不是人家的对手。甫一交手，"刘家军"就被打得七零八落，四处逃散，刘縯、刘秀兄弟骑马仓皇逃跑。

当然，也有没能逃脱的。刘秀的二哥刘仲、大姐刘元等数十位刘氏宗族成员均死于此役。

3. 重整旗鼓

刘縯、刘秀带着残部撤退到棘阳，甄阜和梁丘赐则丢掉辎重，带领十万精锐士兵一路追赶，最终驻扎在棘阳城外。

棘阳城内，针对此次大败，刘縯召开了一次总结会议。

在会上，刘縯做了深刻的自我批评，并向刘秀以及众人承认了自己的鲁莽。

见刘縯如此诚恳，大家就原谅了他。

接下来，大家又开始讨论下一步的作战计划。

刘秀说："当务之急，是摆脱甄阜和梁丘赐的十万大军。"

众人面面相觑，不知如何是好。

刘縯问道："你说咱们该怎么办，我们听你的。"

刘秀说："仍然是那两个字——团结。只要我们能够说服'新市兵'和'平林兵'助我们一臂之力，那就没有什么可怕的。"

众人都赞成刘秀的办法。

刘縯当即领着刘秀和李通，骑着快马，趁夜色来到"新市兵"和"平林兵"的营寨，分别拜见了其首领王凤和陈牧。

但王凤和陈牧像事先商量过了一样，都对刘縯比较冷淡。

想想也可以理解，此时，正逢"刘家军"大败；更要命的是，有十万敌兵虎视眈眈地看着他们，随时可能发起致命一击。此时与之联盟，不是好的时机。

而且是刘縯主动弃他们而去的，如今兵败了，跑过来讲团结，天下哪有这等好事？

刘縯知道，"新市兵"和"平林兵"是靠不住了。他的倔脾气又上来了，发狠道："老子谁也不求了，回去，爱咋咋地吧。"

对于刘縯的自暴自弃，刘秀也无可奈何。

也许真的是天无绝人之路。就在此时，有一个好消息传来："下江兵"的首领王常率领五千多人马，刚刚进入了宜秋聚（今河南省唐河县东南）。宜秋聚离棘阳并不远，如果王常能出手相助，那"刘家军"仍然有翻身的机会。

听到这个消息的刘秀如久旱逢甘霖一般，狂喜不已。

但刘縯却没有太大的热情，在他眼里，王常也是绿林军的首领，他跟王匡等人是一路货色，都是目光短浅之辈。

刘秀却不这么认为，他告诉刘縯："王匡等人之所以不施以援手，是因为与我们产生了芥蒂。可王常不同，一则他与我们没有罅隙；二则他的兵力也很弱，与我们合兵一处，对他也有好处。这是一件双赢的事情。退一万步说，即使王常跟王匡是一路货色，我们也得试试，毕竟这是个机会。"

刘秀说得在情在理，李通首先表示了赞同。刘縯虽然心中不快，但还是采纳了刘秀的建议。

刘縯等三人快马加鞭，来到了"下江兵"的大营。

刚开始，王常也没表现出过多的热情，但待刘縯把利害关系说了一遍后，王常幡然醒悟。他对刘縯等人诚恳地说道："王莽让天下民不聊生，百姓都思念汉朝。如今，你作为刘氏皇族的后裔，挺身而出，带领大家推翻王莽，我愿意竭尽全力辅佐你。"

刘缤听罢，大喜，但仍谦虚道："一旦大事成功，我愿与你共享江山。"

双方相谈甚欢，最终在友好和谐的气氛中，刘缤等人心满意足地离去。

刘缤离去后，王常迅速把此事通报给了"下江兵"的另外两个首领——成丹和张卬。

成丹和张卬皆起于底层，四肢发达，头脑简单，其见识要远远低于王常，他俩并不赞成联合刘缤。

成丹说："大丈夫应该自己做主，自当一面，为何要与别人联合，受别人的摆布呢？"

王常并不急于反驳，而是耐心地向他们分析当下的社会形势以及利害关系："王莽已经失去人心，百姓思念汉朝。正是因为这个，我们才能够趁机崛起，并不断壮大。百姓憎恶的，上天就会除之。百姓欢迎的，上天就会将之送到手中。民心就是天意，就是最大的力量。如今百姓希望恢复汉室，而我们不过是山林中啸聚的草莽，怎么能成大事呢？南阳郡的刘缤是汉室皇族后裔，通过交谈，我发现他极具领袖气质和才能。如果我们跟他合作，百姓必然会支持，到时候何愁大事不成？"

王常的话，通俗易懂，成丹和张卬茅塞顿开，他们一起抱拳，向王常致歉道："如果不是王将军，我们差点儿误入歧途啊。我们愿意听从你的意见。"

说服"下江兵"的领导层后，王常又找到"新市兵"的首领王凤和"平林兵"的首领陈牧，把刚才的话重复了一遍，结果，没被刘缜说动的王凤和陈牧被王常说服了。

这样一来，大家统一了思想，三路大军全部奔刘缜而去。

意外之喜，是最能让人开怀的。

刘缜兴奋得手舞足蹈，一边杀猪宰牛犒赏三军，一边与各路大军的首领制订盟约。大家意气相投，肝胆相照，相约共同杀敌，直到山无棱天地合，才敢与君绝。

地皇四年（公元23年）正月初一，刘缜大手一挥，联军如怒兽般向甄阜率领的官兵发起了猛烈攻击。结果，甄阜的军队大败，甄阜与梁丘赐全部死于战乱。

这场大捷，大大地长了刘缜联军的志气，灭了官兵的威风。

此战过后没几天，新朝大将军严尤与陈茂率领的大军便朝宛城进发，打算驻防宛城。

刘缜听说后，决定指挥联军半路截击。借着上一战的余威，联军在宛城南边三十多公里处的淯阳大败严尤、陈茂的军队。

严尤、陈茂率领残部败走。刘缜挥军把宛城团团围住。

山雨欲来风满楼，黑云压城城欲摧。宛城顿时陷入惊恐之中。

4. 刘玄称帝

此时，刘缜统率的联军兵力已达十多万。但联军还是一个松散的组织，缺乏一个说一不二的绝对领袖。刘缜虽是临时的盟主，但与王凤等人是平起平坐的关系，没有绝对的权威。于是，将领们决定拥立一位汉室皇族的后裔为帝，统率全军，扩大声势。

按说，此人非刘縯莫属。"刘家军"的将领和"下江兵"的将领王常也是这么认为的，但"新市兵"的首领王凤和"平林兵"的首领陈牧，却另有打算。

这二位出身底层，向来喜欢自由散漫的流寇生活，而刘縯军纪严明，他们害怕一旦刘縯称帝，自己将受到严格的束缚。于是，出于私心，他们决定拥立另一位刘氏皇族后裔，此人名叫刘玄。

刘玄，字圣公，南阳郡蔡阳（今湖北省枣阳县西南）人。当年，他的弟弟被杀，他与门客相约为弟报仇，从而走上了逃亡之路。后来，刘玄投入陈牧帐下，成了"平林兵"中的一员大将，号称"更始将军"。

刘玄出身于汉室皇族，与刘縯、刘秀是同族兄弟，其曾祖父乃舂陵侯刘熊渠，在当地颇有声望。但刘玄性格懦弱，也没什么才能，是个不折不扣的平庸之辈。而王凤与陈牧看中的正是这两点：皇族的身份、懦弱的性格。

王凤与陈牧秘密商定后，便去跟刘縯和王常商量。

刘縯当然不想让自己的军队受制于一个无能之辈，于是委婉地说："承蒙各位将军厚爱，拥护刘姓皇族后裔，推举我的族兄刘玄称帝，我万分感动。但我觉得，现在还不是称帝的时候。因为盘踞青、徐二州的赤眉军已达数十万之多，力量远远强于我们。一旦他们得知我们拥立刘姓皇族称帝，肯定也会拥立另一位刘姓皇族。这样一来，新朝尚未灭亡，刘姓皇族之间就先内讧了。这损害的是天下义军的力量，对于推翻王莽的新朝恐怕不利。而且，舂陵到宛城不过三百多里，是弹丸之地，在这样小的地盘上称帝，成为众矢之的，恐怕不是好的计策。所以，我建议咱们先推举刘玄为王，使他拥有跟皇帝一样的权力，可以发号施令，统御将领。称王的实际效果与称帝不相上下，但目标却小了许多，不会成为众矢之的。此后，如果赤眉军拥立的人德才兼备，我们便前去归附。如果赤眉军没有行动，或者拥立的人不足以服众，那就等我们灭了新朝，收服了赤眉军，再拥立新帝。"

刘縯的发言，得到了一些将领的拥护，他们纷纷表示支持刘縯。

王凤和陈牧见自己的意见被否，顿时气急败坏。他们仗着手中人多，决定霸王硬上弓。

只见王凤嗖地拔出佩剑，以剑指天，对刘縯怒目而视，同时叫嚣道："遇事优柔寡断，定然难成大事。拥立刘玄称帝的事，就这么定了，谁要是还有反对意见，先问问我的宝剑是否答应。"

王凤手下的将领们高声欢呼："说得好。"

面对霸道的王凤，刘縯差点儿拔剑还击。身边的刘秀见状急忙按住刘縯的右手，解围道："王将军说得亦在理，我们支持。"

回到营帐后，刘縯责备刘秀。

刘秀说："你的话句句在理，王凤纯属胡搅蛮缠。但问题是，王凤、陈牧手握重兵，如果联军内部发生内讧，势必有损大业；而且我们的兵力太少，也不是他们的对手。"

刘縯觉得刘秀言之有理，只好委曲求全。

地皇四年（公元23年）二月初一，刘玄正式登基，恢复汉朝的国号。

众人在淯水河畔建了一座巍峨的高台。刘玄就站在高台上，面南背北，接受文武群臣的朝拜。

刘玄大概是没见过这么大的场面，他十分紧张，满脸大汗，说话声音很小，而且带着颤音。

见刘玄如此无能，很多将领颇感失望。但慑于王凤等人的威权，只能把真实想法埋藏于胸，敢怒而不敢言。

登基后，刘玄下令更改年号，将新朝的"地皇四年"改为汉朝的"更始元年"。然后，大封群臣。

其中，刘玄的堂叔刘良被封为国三老，王凤被封为成国上公，王匡为定国上公，陈牧被封为大司空，刘缤为大司徒，刘秀为偏将军。

至此，短命的"玄汉王朝"算是正式营业了。

5. 王莽的对策

刘玄称帝的事，对王莽的触动很大。

受到刺激的王莽，用了一个令人啼笑皆非的办法进行了还击。

他先把自己的白发染黑，然后从全国选拔了一百二十位漂亮姑娘充实后宫。

透过这个看似笑话的行为，仔细琢磨一下王莽的心理，会得到一个苍凉的答案：王莽已经感觉到自己老了，换句话说，王莽已经觉得力不从心了。

这一年，王莽已经六十八岁。面对众多棘手的问题，他的确有点稳不住阵脚了。所以，他要染黑头发，以证明自己依然年轻。他要广纳后宫，依然是要证明自己还年轻。

可事实是，不管怎么证明，王莽都不再年轻了。那个奋斗不息的年轻人、那个心怀壮志的中年人，都不复存在了。留下的，只是一个接近古稀的老头儿，而且正面临全方位的失败。

接着，王莽打出了自己手中的最后一张王牌。

他派出大司空王邑和司徒王寻，集结天下各州各郡的兵马，全力攻击玄汉政权以及支撑它的绿林军。

这是王莽最后的底牌，如果此举失败，他将无法再组织起像样的武装力量。到时，他只能坐以待毙。

按照计划，王莽的大军将在洛阳集结。

王邑到达洛阳时，已有四十三万人马，对外则号称百万大军。

直到这年五月，兵马终于集结完毕。王邑、王寻的一声令下，百万大军启程南下。经过颍川（今河南省禹州市），与等在那里的严尤、陈茂会合。

这浩浩荡荡的百万大军，看起来着实吓人。玄汉政府的绿林军——此时绿林军的各大主力都分散于四方——与官兵对峙的只有不到一万人，也被这阵仗震慑住了。他们惊慌失措，连忙向后撤退，最后躲进了昆阳（今河南省叶县）。

昆阳城内，大家惊惧不已，有的将领挺不住了，主张大家散了吧，逃命吧，好歹能保住一家老小的性命，以及分到的那些财物。

刘秀及时地制止了这种逃跑主义论调，他说："我们兵少粮少，敌人却兵多粮多，如果合力抵抗，还有生还的可能，一旦四散逃命，反而难以活命。如今，离我们最近的部队，是我的兄长刘縯统帅的'春陵兵'，但他们在攻击宛城，无法分兵前来救援。一旦我们放弃昆阳，只需一天时间，王邑的军队就会把我们全部消灭。我以为大家能够肝胆相照，誓死同心，共同建功立业，没想到你们只想着自己的妻儿，和那一点点可怜的财产！"

刘秀的话，如钢针一样扎在了那些将领的心上。他们羞得满脸通红，却还嘴硬道："我们也只是随便说说嘛，你为何说这样的话？"

刘秀笑而不语，说："你们商量对策吧，我去方便一下。"

这时，有探子前来报告："王邑大军的先头部队已经到达城北，连营好几百里，看不见殿后部队。"

将领们抓耳挠腮，却想不出对策。

刘秀如厕归来，冷眼看了看这些无计可施的将领们，笑问："想出对策了吗？"

众人不理他。

刘秀又笑了笑："我有退敌之策。只要大家听我的，我保证你们的性命以及你们妻儿的性命无虞，你们的财物也万无一失。"

听刘秀这么说，将领们纷纷向他行注目礼。

平日里，刘秀不显山不露水，看起来窝窝囊囊的，将领们都有点瞧不起他。可在这关键时刻，尽管他们对刘秀半信半疑，但也只能死马当活马医了。

于是，将领们抱拳道："我们都听你的。"

刘秀再次笑了笑，也抱拳道："那我就却之不恭了。"

在刘秀的主导下，一场决定新朝生死命运的大决战，徐徐拉开了大幕。

第十二章　昆阳决战

1. 困城

眩眼间，王邑的十万先锋部队就兵临昆阳城下了，情势万分危急。

刘秀面不改色，冷静应对。他让"新市兵"的首领王凤与"下江兵"的首领王常留守昆阳，安抚兵民情绪。他自己则带着李轶等十三名亲信，乔装打扮，趁着夜色偷偷潜出城，召集分散在昆阳附近的小股绿林军。

大司空王邑下令将昆阳城团团围住，他打算待部队稍作休整后再攻城。

但大将军严尤提出了不同的看法，他对王邑说："昆阳城是个微不足道的小城，战略位置并不显要。而且它城墙坚厚，易守难攻，即使我们有百万大军，在这样狭隘的地盘上，在这样的小城面前，也很难发挥优势，一举拿下。而绿林军的主力远在宛城，宛城是座大城，其战略位置十分重要。我建议先攻击宛城的绿林军，宛城一旦平定，昆阳这座小城自然不在话下。"

客观来说，严尤的分析和建议都是很有见地的。但王邑并不这么认为。

他说："你说得有那么一点道理。但我身后站着百万雄师，我怕什么？既然兵临昆阳城下了，那就先把它干掉。破城之日，我要杀光全城人，以解心头之恨。百万大军踏着他们的尸体，雄赳赳气昂昂地向宛城进发，岂不快哉？"

王邑的狂妄自大，让严尤无话可说，他心中隐隐生起了一丝担忧。

部队休整完毕后，王邑大吼一声，下令攻城。

一时间，战鼓震天，号角轰鸣，杀声四起，箭如雨下。

尽管昆阳城内的守军奋力抵抗，但毕竟双方力量对比太过悬殊，很快，守军就挺不住了。

眼看着城门将被攻破，王凤命人在城头挂起了白旗，请求投降。但傲慢的王邑拒绝了王凤，并叫嚣道："我的目标是亲自打败你们，然后剥你们的皮、抽你们的筋，想投降？门儿都没有。"

王邑的话，让王凤大受刺激。顺便被刺激的，还有城内的士兵和百姓。他们知道，要想活命，只有一条路可走，那就是拼死守住昆阳城。

人在绝境中爆发出来的潜能是惊人的。昆阳城内的士兵，一个个双眼通红，如敢死队一般奋勇杀敌。城内的百姓也自发地组织起来，为守军运送水和食物，以及箭矢等兵器。有的青壮劳力也拿起了大刀长矛，主动加入到士兵的行列。

就这样，原本要被攻破的城池暂时守住了。

但王邑并不着急，在他们眼里，昆阳城已经是囊中之物，破城只是时间问题而已。

这时，严尤再次提出了不同看法，他说："按照兵法，围城时一定要留一个缺口，使得他们以为可以突围，这样可以瓦解军心。反之，则会把他们逼上绝境，抱定拼死抵抗之决心。"

王邑嘴一撇，不以为然地说道："兵家之妙，就妙在敢于突破常规。我为什么必须按照兵法打仗？"

再次碰了钉子的严尤长长地叹了一口气。

在王邑眼中，严尤不过是个败军之将。败军之将的意见，有什么说服力呢？

于是，王邑令士兵们继续围城，继续攻城。当然，昆阳城也继续保持金身不破。

2. 反击

正当昆阳城的战事还处于胶着之中时，宛城那边有了结果：在被绿林军围困达数月之久后，弹尽粮绝的宛城守军终于放下了武器。刘玄在大军的簇拥下，威风八面地进入了宛城，并下令将宛城当作玄汉政府的临时首都。

攻下宛城后，绿林军主力马不停蹄地驰援昆阳。

而刘秀出城后，一路行到郾县（今河南省郾城县）、定陵（今河南省郾城县西北）等地，将散乱的义军组织了起来，随时准备向昆阳进发，以解昆阳之围。

这时，那些农民将领的狭隘性又显现出来了。他们害怕失去抢夺来的财物，打算留一部分士兵看守。

这让刘秀恼火不已。本来就兵力不足，要是再分兵看守财物，那驰援昆阳的兵力就更加杯水车薪了。

刘秀大怒："此次作战，如果能够打败敌人，将有一万倍的金银财宝等着我们，而且还可以成就大业。但若是失败了，我们连命都会丢掉，还谈什么财物！"

刘秀的话，让那些将领们脸红不已。他们当即决定，将所有兵力交给刘秀。

六月一日，这批聚集来的绿林军向昆阳进发了，刘秀则亲带一千多人马作为先锋部队。

王邑得到刘秀带兵驰援的消息后，根本没把他当回事，只是象征性地派出数千人马前去迎击。

在距离王邑大营四五里的地方，双方交上了火。不承想，刘秀威力大发，率军将前来迎敌的官兵打了个落花流水。

初战告捷后，刘秀率军继续向王邑的大本营靠近。在距离王邑大营只有一里多地的时候，刘秀突发奇想，决定派出一支奇兵，直冲王邑大营，以达到出奇制胜的效果。

他亲自挑选勇士组成敢死队，从昆阳城西郊出发，沿着护城河向王邑的大营奔去。

这次，王邑和王寻不敢再掉以轻心了。他们亲率一万多人马前来应战。与此同时，为了防止大军混乱，王邑传令各营，未经允许，不准出兵与前来驰援的绿林军作战。

刘秀选拔的勇士战斗力着实惊人，面对一万多名官兵，他们竟毫无怯意，打得官兵节节败退。而其他各营兵马，因为有王邑的命令在前，均不敢贸然参战，只能眼睁睁地看着。

俗话说，兵败如山倒。

混乱之中，大将王寻被绿林军斩杀。

突然听到城外不远处杀声震天，昆阳城内的守军有点丈二的和尚摸不着头脑。待定睛一瞧，才发现是官兵的大后方乱了，援军来了。

欣喜不已的王凤登高一呼，率领守军奔出城门，与刘秀的援军形成前后夹击之势。

王邑的大军彻底乱了。他们呼天抢地，四处溃逃。除了死于绿林军之手，还有一部分士兵死于奔逃时的相互践踏。

在这节骨眼儿上，老天也出来帮刘秀的忙——原本晴朗的天空，突然雷声大作，大雨倾盆。昆阳城外的滍水水位暴涨，王邑的溃军被淹死了一万多人。

王邑、严尤、陈茂三名统帅仓皇逃跑，他们踏着士兵的尸体，渡过滍水，向北方逃去，算是捡了一条老命。

没了主帅，溃散的官兵也纷纷逃回了原本的郡县。

官兵大败后，从宛城前来驰援的绿林军主力才抵达昆阳。他们不敢相信自己的眼睛，也为没能参与这场旷世大战而懊恼不已。不过，他们有属于他们的工作：抢运王邑大军遗留下的数不清的武器、辎重和粮食。

可一连运了几个月都没有运完，最后剩下些又笨重又没多大用处的家伙，绿林军干脆一把火把它们全给烧掉了。

昆阳大决战，是玄汉政府与新朝之间力量对比的一个转折点。此战之后，王莽再也难以组织起像样的武装力量了，而玄汉政府却因此声名远扬。

全国各地的英雄豪杰，闻听此战后，纷纷起事，斩杀当地的新朝官员，以支持玄汉政府。

昆阳大战之后短短一个月的时间，全国大部分郡县都摆脱了新朝的控制，宣布效忠玄汉政府。

王莽的末日已经近在咫尺了。

令他百思不得其解的是，当初那些竭力拥护他取代汉朝的臣民，怎么眨眼间就成了自己的仇敌呢？

在王莽的内心，有一个声音在反复发问："我做错了什么？我到底做错了什么？"

可谁会告诉他答案呢？

百姓向来缺乏话语权，但他们会用自己的行动，无声地告诉你答案。

3. 刘縯之死

昆阳大捷，让刘秀声名鹊起。攻克宛城，也让刘縯威名大增。

但"木秀于林，风必摧之"，此时，刘秀兄弟就面临着这样的危机。

王凤和陈牧向来与刘縯不和，恨屋及乌，这种敌意也扩大到刘秀身上。于是，王凤私下里和陈牧商议除掉刘氏兄弟。素来与王凤臭味相投的陈牧立即表示赞同。

说干就干。王凤面见刘玄，挑拨离间道："刘縯、刘秀虽然是陛下的同族兄弟，但他们向来不支持陛下登基。如今这二人的功劳越来越大，在军中的威望也越来越高。我怕有一天，陛下控制不住他们。不如先下手为强，除掉这个心腹大患。"

刘玄虽然性格懦弱，遇事优柔寡断，但他不是白痴，王凤的话不能不引起他的思考。只是，他一时半会儿还拿不定主意。所以，他给王凤的答复是："不必急于求成，可伺机而动。"

每个阴谋背后，必定有伪饰。

敏锐的刘秀嗅出了危险，他对刘縯说："大哥，他们的目光有点不对劲，咱们得小心点。"

刘縯满不在乎地问道："谁？"

刘秀答道："刘玄，还有王凤、陈牧。"

刘縯笑眯眯地问："是嫉妒和恨吗？"

刘秀点点头，补充道："还有杀气。"

刘縯摇摇头："不必在意，这帮孙子一直都这样。"

刘秀劝道："还是小心点为好。"

刘縯哈哈大笑起来："几个庸人能奈我何？走，喝酒去！"

不久后，刘秀被派往前线，刘縯则留在了宛城。

一天，刘玄召集众将领议事。议事前，他突然对刘縯的佩剑产生了浓厚的兴趣，于是他令刘缤交出佩剑，以便欣赏一番。

刘缤不知是计，交出了佩剑。侍者呈上，刘玄拿着剑细细地察看。

明眼人一眼就能看出来，刘玄其实不是在看剑，而是正纠结于一个艰难的决定。这时，御史申屠建呈上一块玉玦，眼神中满着催促和鼓励。

但刘玄最终没有动手。刘缤侥幸逃过一劫。

归来后，刘缤的舅父樊宏对他说："刚才的事情有点蹊跷啊，那个申屠建莫非扮演了鸿门宴中范增的角色？"

刘缤没把舅父的警告当回事，打了个哈哈，就把此事敷衍过去了。

刘缤手下有员虎将，名叫刘稷。刘稷勇冠三军，对刘玄向来不服。当初，得知刘玄登基的消息后，他十分鄙视地说："最初起兵图谋大事的，是刘缤兄弟，他刘玄算个屁？"

刘玄称帝后，为了讨好刘稷，任命他为抗威将军，可刘稷却拒而不受，让刘玄颜面扫地。

当日，正是因为刘稷站在刘缤身后，刘玄才没敢动手杀刘缤。所以，刘玄决定先把刘稷杀掉，再杀刘缤。

某日，刘玄单独召见刘稷，说有要事相商。事先，他早已在大殿内埋伏下了大量刀斧手。

刘稷奉命前来，一迈入大殿，刀斧手便蜂拥而出，把刘稷捆绑了起来。翌日，就给刘稷安了个莫须有的反叛罪名，要将他斩首。

刘缤当然不会眼睁睁地看着自己的爱将就这样不明不白地死于

非命，他觐见刘玄，大声质问道："你凭什么杀刘稷？证据呢？"

刘玄一看机会来了，当即宣布刘縯为刘稷的同党，把刘縯也抓了起来。

很快，刘縯和刘稷皆被斩首。刘縯死后，他的大司徒一职由刘玄的堂兄刘赐接任。

而此时，刘秀正在千里之外的前线奋勇杀敌。

4. 刘秀的表演

噩耗传来，刘秀脑中一阵轰鸣，差点儿昏厥过去。悲恸之后，他的第一个想法是：悔。

刘秀早就看出王凤等人不怀好意，他也告诫过兄长。但当刘縯对此事表现出无所谓的态度后，他并没有继续规劝，也没有为此部署一定的防范措施。尤其是他被派往前线后，竟然忘了此事。

此时的刘秀懊悔不已，如果他能留在刘縯身边，或者在刘縯身边留一个随时给自己通报情况的心腹随从，那么刘縯的悲剧就有可能避免。

想到不久前自己的二哥刘仲死于战场，如今大哥刘縯又死在自己人手中，刘秀的心一阵痉挛。他知道，自己也危在旦夕了，自己手中的那点"刘家军"根本不是刘玄和王凤的对手。

此时的他不仅没有能力为冤死的兄长报仇雪恨，甚至连悲伤的权利都没有。他必须想尽一切办法迷惑刘玄，以保住自己的性命。只有这样，兄长刘縯的仇才能报，自己光复汉朝的理想也才有机会实现。

刘秀收起悲戚，骑上一匹快马，朝玄汉政府的首都宛城奔去。说不定，此时的刘玄正在那里策划如何干掉他。他要做的，就是让刘玄放弃这个想法。

一踏进宛城，刘秀顾不上休息，直接去见了刘玄。

手下人报上刘秀求见的消息后，刘玄大吃一惊，连忙问道："他……他带来了多少兵马？"

那人答道："一人一骑。"

刘玄更加吃惊了，刘秀难道不是来兴师问罪的吗？一人一骑？这不是自投罗网吗？

刘玄哈哈大笑几声，在大殿周围埋伏下刀斧手，然后胸有成竹地说："让他进来吧。"

刘秀一路低着头走进大殿，待到近前，扑通一声跪倒在地，对刘玄施了君臣大礼。

刘玄问道："你不在前线领兵作战，回宛城作甚？"

刘秀平静地答道："我是来请罪的。"

刘玄得意扬扬地嘲讽道："请罪？你应该问罪才是。"

刘秀继续平静地答道："臣的兄长刘縯，一向脾气暴躁，好大喜功，终犯下大逆不道的谋反之罪，死不足惜。臣作为他的兄弟，虽时常规劝，但终未有所成效。如今，刘縯犯罪，臣难辞其咎，特来请罪。"

刘秀的演技太好了，于是刘玄迷茫了，他脱口而出："你真是这么想的？"

刘秀再拜："不敢有半点欺瞒。"

刘玄激动不已，他从龙椅上站起来，快步走下台阶，扶起刘秀说："刘縯犯罪，与你无关。你我本就同族兄弟，日后，咱兄弟当团结一心，共谋大业。"

刘秀扑通一声又跪下了："臣愿效犬马之劳，万死不辞。"

刘玄太欢乐了，他再次扶起刘秀，道："好，好，太好了。"

刘秀走出大殿，回到自己的住处。刘縯的旧部早就在此等候，他们的脸上不仅有悲伤，还有愤怒。

刘秀完全明白这些人的悲伤和愤怒，他又何尝不想放纵地悲伤和愤怒一场？可他不能。这是在刘玄的地盘上，身边的密探成群，他还得继续演下去，不能出半点纰漏。

他与众人打着哈哈，绝口不提刘縯的事情。众人离去后，他也一切照旧，该吃饭吃饭，该喝酒喝酒，与同僚见面时，还会爽朗而欢快地笑。

数日后，密探把刘秀的表现汇报给刘玄，刘玄彻底放心了。同时，他内心升起一丝自责和内疚。毕竟是同族兄弟啊，何必非得置人于死地呢？嗨，都怪王凤他们几个。

把责任推给王凤后，刘玄好受了许多，他决定补偿刘秀。

翌日，刘秀即被任命为破虏大将军，封武信侯，理由是表彰他在昆阳之战中所立的卓越战功。

然后，刘秀带着新的官印安然回到了前线。

奔出城门的那一刻，刘秀如释重负，终于不用再表演了。

第十三章　新朝灭亡

1. 众叛亲离

在王莽的新朝政府内部，一起同样与"刘秀"这个名字相关的事件正在上演。当然，事后证明，这只是个不折不扣的乌龙事件。

新政府这边的"刘秀"，其实就是王莽的大国师刘歆。

刘歆是其原名，他在四十多岁的时候，不知出于什么原因，突然鬼使神差地把名字改成了刘秀。

改名嘛，本来也不是多大的事。但要命的是，他新改的这个名字和一个事关改朝换代的谶语相关。

在任何朝代，谶语都是令君王们难以入睡的大麻烦，更何况王莽就是借助符命、谶语等坐上皇位的，他对这类东西更是异常敏感。所以，自从卷入这个事件，刘歆的命运就被写好了，毫无回旋的余地。

这个谶语是什么呢？

某日，一个江湖术士来到卫将军王涉的府上，说是有要事商谈。

门卫根本没把他当回事，调戏道："臭要饭的，王将军是谁想见就能见到的吗？你有什么要事啊，跟爷说说。"

术士也不发怒，笑道："狗一样的东西，焉知天地之玄机？"

门卫调戏不成反被调戏，顿时失态，拔刀就要砍。术士看都没看他一眼，扬手一甩袖子，那门卫顿时迷糊了，接着昏倒在地。

这下可把其他门卫吓坏了。他们赶紧朝术士作揖，然后向王涉通报。

王涉闻讯，以为是仙人到访，亲自出门迎接。

见那术士骨骼清奇，鹤发童颜，王涉连忙作揖："先生，请到府内一叙。"

术士说："不必，我只有一句话要说与你听，你且附耳过来。"

王涉上前，术士在他耳边轻声说道："刘秀当为天子。"

说罢，飘然而去，留下一脸茫然的王涉愣在那里。

王涉是王莽的堂弟，跟王莽一样，他对符命、谶语等深信不疑。联系到如今的天下大乱，他更是没有半点理由不信了。

刘秀？回到府内，他反复琢磨这个名字。

当时，玄汉政府的那个刘秀尚未名满天下，王涉根本不知道有这么一号人物。至于其他同名者，更是泛泛之辈、无名之徒——经过反复的思索、比较，王涉最终将谶语映射到一个人身上，那就是当朝的大国师刘歆。

锁定目标后，王涉一阵激动，这真是上天赐的机会啊。他决定
铤而走险，积极去实现这个谶语。

他首先找到了主角刘歆。

听完王涉的陈述，刘歆被吓出一身冷汗，忙不迭地摆手："大
哥，别乱说，这可是掉脑袋的事。"

但王涉坚信此乃天意，必能成功。

王涉的深信不疑感染了刘歆，他也开始心思泛动："难道，我
真有这命？不会吧？可也难说吧？"

经过一番思想斗争，迷信最终战胜了理智，刘歆答应王涉，跟
他一块儿举事。

但这事怎么举呢？

王涉说："现在天下人皆反对王莽，我们把王莽抓起来杀掉，
然后拥立你为帝，肯定能获得天下人的认可。"

刘歆觉得靠谱，可要抓王莽也不是件容易的事，兵权得首先抓
在手中吧？御林军也得搞定吧？

王涉拍着胸脯保证："这些都包在我身上。"

果然，王涉先是轻而易举地搞定了掌管兵权的大司马董忠。接
着，董忠又替他搞定了御林军的副司令孙伋。

董忠之所以这么容易被搞定，是因为他见王莽的政权危在旦
夕，不想陪葬。

而孙伋是董忠的心腹，是董忠一手提拔起来的。但对于造反的
事，孙伋没有董忠这么坚定。

他也有董忠的那个想法，但这又与忠君的思想相背离。毕竟，
王莽一直待他不薄。

不坚定的合作者，往往是整个事业的毒药。没等王涉他们动手，孙伋就选择了向王莽告密。因为是董忠找的孙伋，而孙伋并不知道董忠的上线是谁。所以，孙伋只是供出了董忠。

王莽听说后，面如死灰，眼睛冒火，立即派人将董忠捉来审讯。

董忠抵不住严刑拷问，把一切都供了出来。

听到王涉和刘歆的名字时，王莽本能地反问了一句："谁？"

他简直不敢相信自己的耳朵。这二位可是自己绝对的亲信啊。

王涉是王根的儿子，当年，王根在王莽荣升大司马一事上出了力，所以王莽一直把自己这位堂弟当作心腹，没想到……

更出乎他意料的是刘歆，这个他最欣赏的儒学家，这个一直跟随在他左右的老部下，怎么连他也……

王莽彻底颓废了。颓废之后，他把怒火全都发泄到董忠以及其家人身上。董忠在供出王涉和刘歆的名字后，就被王莽当场斩杀了。杀了还不解气，王莽又令虎贲武士把董忠的尸体剁成了肉泥。接着，王莽又下令逮捕了董忠的家族成员，无论男女老少，全部被活埋。

而王涉和刘歆在听到董忠被杀的消息后，不等王莽下手，就主动自杀了。

经过此事，王莽更苍老了。外部是斩不断理还乱的起义军，内部是心腹战友的叛离之痛，无助的感觉，在时隔多年后再次钻进了他的内心。

他的白头发又露了出来，但他已经懒得把它染黑了。

2. 哭天

战场上的坏消息一个接一个传来，王莽食不甘味、夜不能寐。

王莽倦了，他把王邑调回了长安，接替董忠的大司马一职。

此举标志着王莽彻底放弃了全国性的平叛行动，他把一切都交给了老天裁决。老天毫不客气，它为王莽送来了更多的叛军。

成纪（今甘肃省秦安县）人隗崔、隗义，上邽（今甘肃省天水县）人杨广，冀县（今甘肃省甘谷县）人周宗，同时聚众起义，与玄汉政府遥相呼应。这支队伍很快就发展到十万多人，一连攻陷陇西、武都、金城、武威、张掖、酒泉、敦煌等众多城池。

茂陵（今陕西省兴平市）人公孙述是新朝的一个县官，他才能卓著，被调往四川担任蜀郡的郡长。结果，他也聚众反了，很快集结了数万人。

西汉时受封的钟武侯刘望，在汝南（今河南省汝南县）聚众起事，队伍很快亦发展到几万人，就连在昆阳之战中失败溃逃的新朝大将军严尤、陈茂都率领残部投靠了他。

……

总之，叛军如雨后春笋一般，遍地开花。

这时，大司空崔发为王莽提供了一个平叛的办法：哭。

他说："在古代，当国家遇上大的灾难时，就会痛哭请求苍天帮助解决，我们可以试试。"

王莽一拍脑袋："对啊，《周礼》中也有相关记载。"

于是，王莽率领文武百官，来到长安城南郊，一起对着苍天大哭。王莽一面哭，一面向苍天自述自己称帝的过程，并把当初的符命、祥瑞等一一列举，意思是说：当初是上天让我当皇帝的，如今我遇到困难了，上天得帮助我。

王莽不仅带领群臣哭，他还动员老百姓，哭得最投入、最动人的，将被授予官职。据史书记载，因此而获得擢升的官员达五千人之多。

王莽实在是没辙了，但凡还有其他办法，谁会出此下策呢?

3. 王莽殒命

不出所料，不管王莽哭得如何死去活来，老天都没有帮他。

地皇四年（公元23年）八月底，各路起义大军纷纷攻到长安城下。

王莽放眼四周，发现能调动的兵力仅剩下监狱里关着的囚犯。于是，他宣布大赦囚犯，然后发给他们武器，又命大将军史谌为他们的首领，带领他们出城迎战。但这些家伙刚出城门，就四处散去，只留下了光杆司令史谌一人。

王莽的祖坟就在长安城外。为了泄愤，义军们在攻城前，先把他的祖坟给掘了。劈开棺木，焚烧尸骨，一片凄然。

王莽得到消息后，大哭。

从当初的贫苦少年，到黄门郎，到大司马，到称帝代汉，再到今日被困城中、祖坟被掘……过往如同幻灯片一样在他头脑中闪过。

想着想着，这个满头白发的老人居然笑了。

九月一日，起义军发起了总攻。王邑率领仅存的几千人马，在城头拼死抵抗。

但双方力量的对比太悬殊了。很快，长安城的城门洞开，起义军一拥而入。

听说起义军已经攻进长安城，王莽赶紧带着随从躲进未央宫。

此时的王莽大概已经疯了。进入大殿后，他首先做的事，竟然是令天文官占卜，待占卜显示最佳的方位为斗柄时，他才坐下。坐下后，他还念念有词："我是上天选定的皇帝，老天会护佑我的，你们这些叛贼能奈我何？"

后来，大量的起义军涌进了未央宫，王莽被搀扶着来到太液池中四面环水的渐台上。此时，他身边仍有一千多名官员与他同生共死。

大司马王邑则带着士兵们阻挠起义军前进的步伐，待实在难以阻止时，他也带着仅剩的几十名士兵来到渐台，贴身保护王莽。

在前往渐台的途中，王邑看到了自己的儿子——侍中王睦，他正准备脱下官服，乔装打扮后溜走。王邑大喝一声，令王睦随他一起前往渐台护主。

王睦说："现在不逃，就没有机会了。前往渐台，是死路一条。"

王邑说："为人臣子，当竭尽臣子的本分，岂能独自偷生？"

见王睦还是不表态，王邑激动得拔出宝剑，指着王睦说："你要是敢逃，我现在就杀了你。"

王睦见自己的父亲如此死心塌地要为王莽尽忠，只好随他一起前往渐台。

涌进未央宫的起义军，又纷纷向渐台赶来。

一开始，渐台上的守军用弓箭射杀四周的起义军，起义军不敢靠得太近。后来，弓箭用完了，起义军趁机蜂拥而上，与守军展开了白刃战。

起义军多么浩荡啊，渐台上的守军又是多么势单力薄，结果不言而喻。

在惨烈的肉搏战中，守军一个个倒下，王邑、王睦父子也相继战死。

眼看情况不妙，两名随从赶紧拉着王莽躲进了一个小房间。

商县（今陕西省商洛市）人杜吴首先发现了王莽的行踪，他冲进房间，先是杀死了两名随从，然后对着王莽连刺数刀。

王莽倒在了血泊之中。

杀死王莽后，杜吴顺手取下王莽的绶带，佩戴在自己身上，然后得意扬扬地走了出去。

杜吴是个粗人，他不知道此人是王莽，也不知道此绶带的含义。

杜吴有个战友叫公宾就，此人原是大行主治礼郎，对于绶带的级别、含义非常明了。当他看到杜吴时，大吃了一惊，忙问这条绶带的主人在哪里。

杜吴满不在乎地一指："喏，在西北角的那间小屋子里躺着呢。"

于是，公宾就迅速前往那间小屋，割下了王莽的头颅，并振臂高呼："王莽的头颅在此。"

很快，王莽的人头被送到了玄汉政府的临时首都——宛城。

更始帝刘玄命人将头悬挂在街市上示众。有胆大之人，将其取下当球踢。还有人割下了王莽的舌头，以此泄愤。

这一年，是地皇四年（公元 23 年），王莽六十八岁。

李敖说过一句话："做弱者，多不得好活；做强者，多不得好死。"

如果时光可以倒回，王莽会重新选择自己的人生吗？

历史当然没有"如果"，人生本就是个难题。

不得好死，仅一刻；不得好活，却要匍匐一生。

所以，他应该还会选择做一个强者吧。

4. 功过是非

在中国历史上，王莽一直是个负面角色，后来，虽然有了一些争议，但仍然以负面评价为主。

白居易的诗：

周公恐惧流言日，

王莽谦恭未篡时。

向使当初身便死，

一生真伪复谁知？

传唱了一千多年，几乎给王莽的一生盖棺定论。

但事实真是这样吗？

关于王莽，有两点一直让史学家耿耿于怀，一是所谓的"虚伪"，二是所谓的"篡夺"。

王莽代汉之前，一直是受人敬仰的道德楷模，他孝顺母亲，疼爱侄子，待人温和谦恭，即便是最苛刻的道德家，也无法从他身上挑出半点毛病。

不仅如此，王莽入仕之后，名声也是极好的。他为官公正廉洁，不贪不占，不作威作福，关注百姓民生，工作能力出众。可谓德才兼备。

这一切美德，在他代汉后，怎么就成了阴谋诡计、虚伪做作了呢？

欲加之罪，何患无辞？

归根到底，其实就是因为绕不过"篡夺"二字。

在正统史观中，"篡夺"是大逆不道之罪，可哪一朝的改朝换代不是"篡夺"而来的呢？

即便是西汉的开国皇帝刘邦，又何尝不是篡夺了秦朝的天下？

相比血流成河、尸骸遍野的暴力篡夺，王莽的"篡夺"算得上和风细雨，未伤一兵一卒、一草一木。

这不就是进步吗？

除了道德上的质疑，王莽身上争议最大的地方，应该就是"托古改制"了。

客观地说，王莽改革的出发点是好的，也是必要的，一开始的某些措施（比如土地改革）也是得当的。只不过他太着急了，总想一步到位，不懂循序渐进。而且，许多政策在执行的过程中变了味道。

而后来的某些政策（如频繁地改革币制，大肆更改官名、地名），确实脱离了现实，也有迂腐的嫌疑。

总的来看，王莽的改革有失误，也有进步意义，功过相抵，至多算是过于理想主义，算不上大罪。

对于王莽改制，胡适先生曾评价说：

> 王莽受了一千九百年的冤枉，至今还没有公平的论定。他的贵本家王安石虽受一时的唾骂，却早已有人替他申冤了。然而王莽确是一个大政治家，他的魄力和手腕远在王安石之上。我近来仔细研究《王莽传》及《食货志》及《周礼》，才知道王莽一班人确是社会主义者。

王莽最大的败笔，是他那令人摸不着头脑的少数民族政策。他怀抱着"天朝帝国"的观念，妄自尊大，把周边的少数民族国家看成自己的附庸，对于他们刻薄寡恩，终于引得四夷蜂起，边境上连年战乱。

王莽的败亡，就是从这里发端的。

后来，接连不断的天灾，起了推波助澜的作用。

饥民揭竿而起，天下大乱。

直到此时，王莽依然有翻盘的机会。但他对于军事一窍不通，既不懂战略，也不懂如何使用将帅，只得眼睁睁地看着起义军不断壮大，直至把他埋葬。

王莽是个适合戴着镣铐跳舞的人，无拘无束的权力，于他是把双刃剑。因为他骨子里是个理想主义者，对于一个理想主义者来说，如果缺乏足够的重力，很容易脱离地面，飞向天空。这就是所谓的生命中不能承受之轻。

另外，王莽也为西汉末年的社会矛盾背负了太多的原罪。新朝的灭亡，从某种意义上来说，其实是西汉的灭亡。

尾声　天下一统

王莽被杀后不久，"新市兵"首领王匡攻陷洛阳，刘玄随即将玄汉政府的首都从宛城搬到了洛阳，不久后，又迁都长安。

接着，刘玄派使者前往赤眉军本部，招降樊崇等赤眉军将领。樊崇得知汉朝光复后，十分高兴，他留下部众，领着二十多名将领前往洛阳朝拜刘玄。

刘玄把他们全部封为侯爵。

但因为仅有爵位，没有采邑，樊崇等人很不满，他们寻机逃出了洛阳，回到了赤眉军。

此时的刘秀则率兵渡过了黄河，来到了黄河以北。由于刘秀大军军纪严明，刘秀又采取怀柔政策，因此，所到之处受到了百姓的热烈欢迎。

刘秀的威望日盛。

南阳人邓禹，是刘秀年少时的老朋友。他听闻刘秀的名声越来越大，便前来投奔。他向刘秀进言道："刘玄不过是个庸人，遇事难以决断。他手下的将领们，也是平庸之辈，目光短浅，胸无大志。除了知道发财和弄权外，没有定国安邦的本领。我观察古代那些圣贤君王崛起，不过需具备两个条件：一是'天时'，二是'人事'。从'天时'来看，刘玄称帝后，天象频现异常，这说明老天对他并不满意，他绝非长久之君。从'人事'来看，一个平庸之君带领一群平庸之将，定然难以成就长久的帝王大业。他们的劣势十分明显，败亡就在眼前。但你就不同了，你曾在昆阳之战中立下赫赫战功，受到天下人的敬仰。你的军队纪律严明，对百姓秋毫不犯，享有很高的声望。时逢乱世，你应该把握机会，招揽人才，聚拢民心，成就一番高祖刘邦当年成就的大业，拯救苍生，一统天下。"

邓禹的一席话，说得刘秀兴奋不已，其实他又岂是甘居人下之人？何况还有当年的杀兄之仇。

两人的想法不谋而合，不过此时兵力尚不足以自立，他只是暂时挂靠在玄汉政权之下委曲求全而已。

后来，刘秀率军左冲右杀，不仅占据了河北全境，大军也扩张到数十万人。此时，刘秀已有脱离玄汉政权自立为帝的想法，缺的只是一个合适的时机。

更始三年（公元 25 年），赤眉军在弘农（今河南省灵宝县）集结，准备向玄汉政府发动攻击。刘玄先是派出大将苏茂前往讨伐，结果大败而归。赤眉军声势大涨，趁机扩充实力，兵力迅速达到三十多万。

接着，刘玄又派宰相李松率领数十万大军，继续讨伐赤眉军。

结果，仍然不敌。李松部被斩杀三万多人后，残部仓皇逃窜。

赤眉军趁势追击，向玄汉政权的首都长安推进，一路过关斩将，无人能挡。玄汉政权岌岌可危。

六月二十二日，刘秀终于在众将领的拥戴下，于鄗城南郊的千秋亭登基称帝，年号"建武"，国号仍为"汉"，史称东汉。

同年，赤眉军攻入陕西境内，距长安城仅一步之遥。为了师出有名，赤眉军首领樊崇等人于华阴（今陕西省华阴市）拥立西汉皇族后裔刘盆子为帝。当然，打的旗号仍然是"汉"。

这年九月，赤眉军攻入长安，玄汉政权的文武百官全都投降，只有刘玄骑马仓皇出逃。后来，刘玄走投无路，只得向赤眉军投降，献出了传国玉玺，但终被赤眉军大将谢禄所杀。

这年冬天，刘秀率军攻克洛阳，并定都于此。

光武帝建武三年（公元 27 年），刘秀大军与赤眉军决战，赤眉军大败。至此，东汉政权的最大一个敌人被刘秀铲除了。

天下大势基本已定。

不过，全国仍分散着大大小小的武装割据力量，直至建武十二年（公元 36 年），刘秀终于将其一一铲除，成了名副其实的皇帝。

天下一统，归于东汉。

王莽生平年表

汉元帝初元四年（公元前 45 年）

王莽出生。

竟宁元年（公元前 33 年）

汉元帝刘奭驾崩，汉成帝刘骜即位。

王凤任大司马，王崇封侯。

匈奴呼韩邪单于来朝，昭君出塞。

汉成帝河平二年（公元前 27 年）

王谭、王商、王立、王根、王逢时同日封侯，时称"五侯"。

阳朔三年（公元前 22 年）

大司马王凤死，王音继任。

王莽被任命为黄门郎，后升任射声校尉。

永始元年（公元前 16 年）

王莽受封为新都侯、骑都尉、光禄大夫侍中。

永始二年（公元前 15 年）

大司马王音死，王商继任。

元延元年（公元前 12 年）

大司马王商死，王根继任。

绥和元年（公元前 8 年）

大司马王根病重，王莽继任。

淳于长下狱而死。

绥和二年（公元前 7 年）

汉成帝死，汉哀帝即位。

大司马王莽被免职。

汉哀帝建平二年（公元前 5 年）

王莽被遣就国。

元寿元年（公元前 2 年）

王莽被调回长安。

元寿二年（公元前 1 年）

汉哀帝死，汉平帝即位，太后王政君临朝称制。

王莽继任大司马，主持朝政。

汉平帝元始元年（公元 1 年）

王莽被加封为太傅，并赐号安汉公；孔光任太师，王舜任太保，甄丰任少傅，合称"四辅"。

元始二年（公元 2 年）

发生了严重的旱灾、蝗灾，王莽带头捐献田宅救济贫民。

元始三年（公元 3 年）

王莽的长女被立为皇后。

王莽的长子王宇因吕宽案自杀，王莽作八篇诫书。

元始四年（公元 4 年）

王莽加宰衡官号，母亲被封为功显君，儿子王安、王临被封为侯。

居摄元年（公元 6 年）

刘婴被立为皇太子，称为孺子。

王莽代理朝政，称假皇帝，成为历史上获得"九锡"封赏的第一人。

刘崇起兵反对王莽，失败。

居摄二年（公元 7 年）

改革币制，铸造错刀、契刀、大钱三种钱币，与五铢钱共同流通。其中，错刀一值五千，契刀一值五百，大钱一值五十。

翟义起兵反对王莽，失败。

居摄三年（公元 8 年）

王莽的母亲死，孙子王宗继封新都侯。

王莽的侄子王光买通官员杀人，被迫自杀。

刘京等大演符命闹剧，哀章伪造金匮策书，完成了王莽的夺权准备过程。

王莽废孺子刘婴，封其为定安公，建立新朝。

新朝始建国元年（公元 9 年）

大改官制，任命王舜、平晏、刘歆、哀章为四辅，甄邯、王寻、王邑为三公，甄丰、王兴、孙建、王盛为四将，合称十一公；另设九卿、六监、二十七大夫、八十一元士。

恢复井田制，并禁止买卖奴婢和土地。

更改币制，废止错刀、契刀和五铢钱，保留大钱，另铸小钱。

徐亭侯刘快、真定人刘都起兵反对王莽，失败。

始建国二年（公元 10 年）

实行"五均""六管"之法。

更改币制，推行"宝货制"。

因为王莽实行傲慢的民族政策，匈奴侵犯边境，派遣孙建等十三将率三十万人出击。

始建国三年（公元 11 年）

黄河决堤。农民反抗斗争时有发生，以并州、平州最厉害。

始建国四年（公元 12 年）

举行封建诸侯的典礼。

宣布停止井田制，解除不准买卖奴婢的禁令。

准备巡视全国。

大司马甄邯死，孔永继任。

挑起了和高句骊、句町的斗争。

始建国五年（公元 13 年）

准备迁都洛阳。

王太后去世。

西域各国关系恶化，焉耆首先反叛。

天凤元年（公元 14 年）

更改地方官制和政区建制，分全国为九州（设正副州牧）、二十五部（设正副部监）、一百二十五郡（设卒正、连帅、大尹）；分三辅地区为六尉（设大夫）；改河南郡为保忠信乡（设卿）；分河东、河内、弘农、颍川、南阳等郡为六队（设大夫）。

盖州郡部族反叛，派遣冯茂进击。

天凤三年（公元 16 年）

宣布官吏俸禄制度。

西域各国关系断绝。

天凤四年（公元 17 年）

新市人王匡、王凤揭竿而起，建立了第一支大规模反抗新朝的农民武装力量——绿林军。

临淮郡瓜田仪等、琅琊郡吕母先后起事。

天凤五年（公元 18 年）

开展大规模惩治贪污的斗争。

费兴提出缓和农民反抗斗争的策略。

琅琊人樊崇聚众起兵，是"赤眉军"的前身。

天凤六年（公元 19 年）

两次征收财产税。

制定三万六千年历法大纲。

地皇元年（公元 20 年）

宣布紧急镇压令。

制定扩军计划。

再改币制，废止大、小钱，铸造货布、货泉。

修建九庙。

地皇二年（公元 21 年）

田况组成"田家军"，对抗赤眉军，提出镇压农民起义的策略。

发生霜灾、蝗灾，关东地区大饥荒。

南邵秦丰、平原郡妇女迟昭平先后起事。

准备再次出击匈奴。

王莽的妻子死。

地皇三年（公元 22 年）

王莽派王匡、廉丹率十余万大军讨伐赤眉军。

成昌会战，赤眉军大胜。

绿林军遭瘟疫，分为"新市兵""下江兵"，王莽分派大将军孔仁、严尤围剿。

索卢恢等起兵反对王莽，随即失败。

平林人陈牧、廖湛等举兵响应绿林军，称为"平林兵"。

刘缤、刘秀起兵反对王莽。

地皇四年（公元 23 年）

平林兵、新市兵、下江兵共同拥立刘玄为汉朝皇帝，年号更始。

昆阳会战，汉军大胜。

王涉、董忠、刘歆准备发动政变，未遂而死。

王莽被杀，新朝灭亡。